中国简史

吕思勉 著

台海出版社

图书在版编目（CIP）数据

中国简史 / 吕思勉著. -- 北京：台海出版社，
2021.3
ISBN 978-7-5168-2728-4

Ⅰ.①中… Ⅱ.①吕… Ⅲ.①中国历史 Ⅳ.①K20

中国版本图书馆CIP数据核字（2020）第171256号

中国简史

著　　者：吕思勉		
出 版 人：蔡　旭	封面设计：尚上文化·海凝	
责任编辑：徐　玥		

出版发行：台海出版社

地　　址：北京市东城区景山东街 20 号　邮政编码：100009

电　　话：010-64041652（发行，邮购）

传　　真：010-84045799（总编室）

网　　址：www.taimeng.org.cn/thcbs/default.htm

E - mail：thcbs@126.com

经　　销：全国各地新华书店

印　　刷：大厂回族自治县德诚印务有限公司

本书如有破损、缺页、装订错误，请与本社联系调换

开　　本：880 毫米 × 1230 毫米	1/32	
字　　数：190 千字	印　　张：7.5	
版　　次：2021 年 3 月第 1 版	印　　次：2021 年 3 月第 1 次印刷	
书　　号：ISBN 978-7-5168-2728-4		

定　　价：49.80 元

出版说明

　　本书是史学名著，书中观点为作者自身研究所得。此书在国内已有多个版本，本次出版编者对原著进行了精选，删去了一些文字，并补充了部分图片。特此说明。

例 言

一部十七史，从何说起，昔人早有此感慨。何况今日，史实愈繁；一因史实的累积，一因观点的不同，而史料增加。中等学生，又非专门研究之家。要在仅少时间中，探原于既往以说明现在；所举示的，既不能失之繁芜，又不能过于漏略；既不能失之艰深，又不能过于肤浅，这是谈何容易的事？无论何人，编纂起来，恐亦不敢自信，何况如鄙人的浅学。兹编所注重：（1）为一时代中重要之事，如汉之外戚、宦官，唐之藩镇。（2）则其事对于现在社会，仍有直接影响的，如明、清两代的制度。叙述均较详。其余则较略。无甚关系之事，或径从删削，以免头绪纷繁之病。其有不能不叙及以备始末的，则存之于注。

史事叙述，最宜忠实。有等事，逐细叙来，似嫌琐屑，然一经改作概括之语，便不免于失真。本书于此等处，宁任其稍繁，不敢以意改易。但亦有宜避其过繁以节省学者的脑力的。以最经济的方法，俾学者得最精要的知识，原系教授目的之一。

讲历史是离不开考据的。考据无论如何精确，总只是考据，不能径作为事实，这是原则。但亦有例外。如佛教的输入，断不能将宗教家的传说，即认为事实，后人考据的结果，其势不能不采。但鄙人于此等处，必格外谨慎。所采取的，必系前人的成说，大略为众所共认的，决不羼以自己的意见。且必注明其如何考据而得，俾学者并可略知考据的方法。

考据宜避琐碎，这不是对专门家说的话。专门家的考据，正以愈琐碎而愈见其精详。因为有许多大事，系联结小事而成；又有许多大关系，是因小节目而见的，但这亦不是对中学生说的话。教授中学生的材料，若过于琐碎，他不知其在全局中的关系，就不免游骑无归，变为徒费脑力了；而且易入于歧途。此篇于此等考据，概不阑入。所采取的，都是能发现历史上重要事实的真相；或则贯串许多事实，示人以重要概念的。如顾亭林先生的《日知录》，赵瓯北先生的《陔余丛考》等，所采较多。

对于考据问题，一个人的意见，往往前后不同，这是无可如何的事。此书的编纂，距离编新学制高中教科书时，将近十年了。鄙人的意见，自亦不能全无改变。如汉族由来，鄙人昔日主张西来之说，今则对于此说亦不敢相信。又如伏羲氏，鄙人昔亦认为游牧时代的君主，今则以为黄帝居河北，系游牧之族；羲、农之族居河南，自渔猎径进于耕稼，并未经过游牧的阶级。又如尧、舜、禹的禅让，昔日认为绝无其事，今则对此的意见，较为缓和。此等处，一一都将旧说改正。自信今是而昨非。但亦不知今之果是乎？非乎？唯有仰望大雅弘达的教正而已。

编教科书，自不宜羼入议论。但此亦只指空论或偏激穿凿之谈。至于正确的理论，成为读史的常识的，则不徒不在禁例，并宜为相当的输入。又利用历史以激发人民的爱国心等等，亦为有失忠实之道。但此亦以与史实不合者为限。至于陈古可以鉴今，读了某种史实，自然会感动奋发的，自亦不在此例。又贯串前后，指示史事的原因结果，及其变迁之所以然的，则看似议论，实系疏通证明的性质，其不能强指为主观自更无待于言了。本书从表面上看，似乎有发议论之处，实皆谨守此三例，所以自信为尚无臆逞之弊。

历史的有年代，犹地理的有经纬线。必一见纪年，即能知其事在时间上的位置，方为有用。准此以谈，旧日用君主年号纪年之法，其不能适用，自然无待于言；辛亥以前，均用逆计。此法年代的先后，固亦可一见而知；唯逆计太多，亦总觉其不便。此编径用公元，以便用世界史互相对照。中国历史纪年，是否应径用公元，自亦成为一问题。但就目前的情形而论，则似乎此法较为便利，所以本编用之。好在教科书本应时时改良，并不是有永久性质的。

历史、地理两科，关系极密。治历史的人，必先明白地理；次则历代的政治区划，亦宜知其大概；然后任举一地名，大略知其在何处，即能知其有何等关系。关于前者，宜在地理科中致力。后者宜时时翻阅历史地图。本书第一编第二章，所举历代政治区划的大概，自信尚属简要。一时固不必强记，如能用作纲领，参考他种书籍，多和读史地图，对读几过，似于读史不无裨益。

　　吾国书籍，向分经、史、子、集四部，这原不过大概的分类。何况今日，史学上的观点，和从前不同，一切书籍，都应用平等的眼光，认作史材。编历史的人，所引据的不能限于史部，自更无待于言。兹编引据之例，即系如此。所引的书，自信都较为可信；引据的方法，自信亦尚谨严。教者如能善为启示便可使学生略知判别书籍及引用书籍的方法。

　　读史地图、年表、系谱，都是读史者当备的书，所以本书中不再附入。偶或附入，则是普通图谱所不具；或则读课文时必须对照的。有时径以此代叙述。改求简明，亦以养成读图谱的能力。

CONTENTS

第一编

绪　论

第一章　我国民族的形成

民族和种族不同。种族论肤色，论骨骼，其同异一望可知，然历时稍久，就可以渐趋混合；民族则论语言，论信仰，论风俗，虽然无形可见，然而其为力甚大。同者虽分而必求合，异者虽合而必求分。所以一个伟大的民族，其形成甚难；而民族的大小和民族性的坚强与否，可以决定国家的盛衰。

一国的民族，不宜过于单纯，亦不宜过于复杂。过于复杂，则统治为难。过于单纯，则停滞不进。我们中国，过去之中，曾吸合许多异族。因为时时和异族接触，所以能互相淬砺，采人之长，以补我之短；开化虽早，而光景常新。又因固有的文化极其优越，所以其同化力甚大。虽屡经改变，而仍不失其本来。经过极长久的时间，养成极坚强的民族性，而形成极伟大的民族。

各民族的起源发达，以及互相接触、渐次同化，自然要待后文才能详论。现在且先作一个鸟瞰。

中华最初建国的主人翁，自然是汉族。汉族是从什么地方迁徙到中国来的呢？现在还不甚明白。既入中国以后，则是从黄河流域向长江流域、粤江流域渐次发展的。古代的三苗国，所君临的是九黎之族，而其国君则是姜姓。这大约是汉族开拓长江流域最早的。到春秋时代的楚，而益形进化。同时，沿海一带，有一种断发文身的人，古人称之为越。吴、越的先世，都和此族人杂居。后来秦开广东、广西、福建为郡县，所取的亦是此族人之地。西南一带有濮族①。西北一带有氐、羌。西南的开拓，从战国时的楚起，至汉开西南夷而告成。西北一带的开拓，是秦国的功劳。战国时，秦西并羌戎，南取巴、蜀，而现今的甘肃和四川，都大略开辟。

在黄河流域，仍有山戎和猃狁，和汉族杂居。猃狁，亦称为胡，就是后世的匈奴。山戎，大约是东胡之祖。战国时代，黄河流域，和热、察、绥之地，都已开辟。此两族在塞外的，西为匈奴，东为东胡。东胡为匈奴所破，又分为乌桓和鲜卑。胡、羯、鲜卑、氐、羌，汉时有一部分人居中国。短时间不能同化，遂酿成"五胡"之乱。经过两晋南北朝，才泯然无迹。

隋唐以后，北方新兴的民族为突厥。回纥，现在通称为回族。西南方新兴的民族为吐蕃，现在通称为藏族。东北则满族肇兴，金、元、清三代，都是满族的分支。于是现在的蒙古高原，本为回族

---

① 濮（pú）族，即远古至秦汉时期繁衍生息在百濮之地（今云南、贵州及四川至江汉流域以西一带）的族群。——编者注

所据者，变为蒙古人的根据地，回族则转入新疆。西南一带，苗、越、濮诸族的地方，亦日益开辟。

总而言之：中华的立国，是以汉族为中心。或以政治的力量，统治他族；或以文化的力量，感化他族。即或有时，汉族的政治势力不竞，暂为他族所征服，而以其文化程度之高，异族亦必遵从其治法。经过若干时间，即仍与汉族相同化。现在满、蒙、回、藏和西南诸族，虽未能和汉族完全同化，而亦不相冲突。虽然各族都有其语文，而在政治上、社交上通用最广的，自然是汉语和汉文。宗教则佛教盛行于蒙、藏，回教盛行于回族。满族和西南诸族，亦各有其固有的信仰。汉族则最尊崇孔子。孔子之教，注重于人伦日用之间，以至于治国平天下的方略，不具迷信的色彩。所以数千年来，各种宗教在中国杂然并行，而从没有争教之祸。我国民族能团结，确不是偶然的。

第二章 中国疆域的沿革

普通人往往有一种误解：以为历史上所谓东洋，系指亚洲而言；西洋系指欧洲而言。其实河川、湖泊，本不足为地理上的界线。乌拉山虽长而甚低，高加索山虽峻而甚短，亦不能限制人类的交通。所以历史上东西洋的界限，是亚洲中央的葱岭[①]，而不是欧、亚两洲的界线。葱岭以东的国家和葱岭以西的国家，在历史上俨然成为两个集团；而中国则是历史上东洋的主人翁。

葱岭以东之地，在地势上可分为四区：

（一）中国本部　包有黄河、长江、粤江三大流域。

（二）蒙古新疆高原　以阿尔泰山系和昆仑山系的北干和青藏高原、中国本部及西伯利亚分界。中间包一大沙漠。

---

①　葱岭，即帕米尔高原，中国古代称葱岭，古丝绸之路在此经过。——编者注

（三）青海西藏高原　是亚洲中央山岭蟠结之地。包括前后藏、青海、西康①。

（四）关东三省　以昆仑北干延长的内兴安岭和蒙古高原分界。在地理上，实当包括清朝咸丰年间割给俄国之地，而以阿尔泰延长的雅布诺威、斯塔诺威和西伯利亚分界。

四区之中，最先发达的，自然是中国本部。古代疆域的记载，最早的是《禹贡》。《禹贡》所载，是否禹时的情形？颇可研究。即使承认它是的，亦只是当时声教所至，而不是实力所及。论实力所及，则西周以前，汉族的重要根据地大抵在黄河流域。至春秋时，楚与吴、越渐强；战国时，巴、蜀为秦所并，而长江流域始大发达。秦取今两广和安南之地，置桂林、南海、象郡，福建之地置闽中郡，而南岭以南，始入中国版图。

其对北方，则战国时，魏有上郡；赵有云中、雁门、代郡；燕开上谷、渔阳、右北平、辽西、辽东五郡，而热、察、绥和辽宁省之地，亦入中国版图。其漠北和新疆省②，是汉时才征服的。但此等地方，未能拓为郡县，因国威的张弛，而时有赢缩。

青海，汉时为羌人所据，西藏和中国无甚交涉。唐时，吐蕃强盛，而其交涉始繁。元初征服其地，行政上隶属于宣政院。

---

① 西康省，中国旧省名，设置于民国二十八年（1939年），简称康。为延续清制所设的22省之一，省东界四川，南界云南，西界西藏，北界青海。——编者注

② 新疆省，1884—1955年存在71年的省。清光绪十年（1884年）置，治所在迪化。1955年被新成立的新疆维吾尔自治区取代。——编者注

总而言之：汉唐盛时，均能包括今之蒙古、新疆。至西藏之属于中国，则系元、清时代之事。但当秦开南越时，我国即已包有后印度半岛的一部。至汉时，并以朝鲜半岛的北部为郡县。唐以后，此两半岛均独立为国，我国迄未能恢复。中国疆域的赢缩，大略如此。

至于政治区划：则据《禹贡》所载，大约今河北、山西，是古代的冀州。山东省分为青、兖二州。江苏、安徽的淮水流域是徐州，江以南为扬州。河南和湖北的一部是豫州。自此南包湖南是荆州。四川是梁州。陕、甘，是雍州。秦时，此等地方和战国时新开之地，分为三十六郡。而桂林、南海、象、闽中四郡在其外。汉时十三部，大略古代的冀州析而为幽、冀、苏三州。关中属司隶校尉。甘肃称凉州。荆、扬、青、徐、兖、豫，疆域略与古同。四川称益州，两广称交州。

唐时，今河北省为河北道。山西省为河东道。陕西省为关内道。甘肃、宁夏为陇右道。山东、河南为河南道。江苏、安徽的江以北为淮南道。其江以南及湖南、江西、浙江、福建为江南道。湖北和河南、四川、陕西的一部分为山南道。四川之大部分为剑南道。两广为岭南道。后来区划又较详，而宋代的分路，大略沿之。

元代疆域最广，始创行省之制。现在的河北、山西直隶于中书省。河南、山东及江苏、安徽的北部、湖北的大部分为河南省。江苏、安徽的南部和浙江、福建为江浙省。江西和广东为江西省。湖北的一小部分和湖南、广西为湖广省。云南、四川，疆域略和现在相像。陕西包括现在甘肃的大部分，而宁夏和甘肃西北境，别为甘肃省。辽宁为辽阳省。

明清两代的区划略和现代相近。不过明代陕、甘、苏、皖、湘、鄂都不分，所以清代所谓十八省者，在明代只有十五。清代将中国本部分成十八省。新疆和关东三省，则系末年始改省制的。其时共得行省二十二。其西康、热河、察哈尔、绥远、宁夏、青海，则到民国才改为省制的。

第二编

上古史

第一章　我国民族的起源

　　我国现在所吸合的民族甚多，而追溯皇古之世，则其为立国之主的，实在是汉族。汉族是从什么地方迁徙到中国来的呢？这个在现在，还是待解决的问题。从前有一派人，相信西来之说。他们说：据《周官·大宗伯》和《典瑞》的郑注：古代的祭地祇，有昆仑之神和神州之神的区别。神州是中国人现居之地，则昆仑必是中国人的故乡了。

　　昆仑在什么地方呢？《史记·大宛列传》说："汉使穷河源，河源出于阗""天子案古图书，名河所出山曰昆仑"。这所指，是现在于阗河上源之山。所以有人说：汉族本居中央亚细亚高原，从现在新疆到甘肃的路，入中国本部的。

　　然而郑注原出纬书。纬书起于西汉之末，不尽可信。河源实出青海，不出新疆。指于阗河源为黄河之源，本系汉使之误；汉武帝乃即仍其误，而以古代黄河上源的山名，为于阗河上源的山名，其说之不足信，实在是显而易见的。

汉族由来，诸说之中，西来说较强；各种西来说之中，引昆仑为证的，较为有力；而其不足信如此，其他更不必论了。民族最古的事迹，往往史籍无征。我国开化最早，又无他国的史籍可供参考。掘地考古之业，则现在方始萌芽。所以汉族由来的问题，实在还未到解决的机会。与其武断，毋宁阙疑了。

现在所能考究的，只是汉族既入中国后的情形。古书所载，类乎神话的史迹很多，现在也还没有深切的研究。其开化迹象，确有可征的，当推三皇五帝。三皇五帝，异说亦颇多。似乎《尚书大传》燧人、伏羲、神农为三皇，《史记·五帝本纪》黄帝、颛顼、帝喾、尧、舜为五帝之说，较为可信。

燧人、伏羲皆风姓。神农姜姓。黄帝姬姓。燧人氏，郑注《易纬通卦验》，说他亦称人皇。而《春秋命历序》说：人皇出旸谷，分九河。伏羲氏都陈。神农氏都陈徙鲁。黄帝邑于涿鹿之阿，据地理看来，似乎风姓、姜姓的部落在河南，姬姓则在河北。

燧人氏，《韩非子》说他，因"民食果蓏蚌蛤，腥臊多害肠胃"，乃发明钻木取火之法，

伏羲

教民熟食。这明是搜集和渔猎时代的酋长。

伏羲氏，亦作庖牺氏。昔人释为"能驯伏牺牲"，又释为"能取牺牲，以充庖厨"，以为是游牧时代的酋长。然而"伏羲"二字，实在是"下伏而化之"之意，见于《尚书大传》。其事迹，则《易·系辞》明言其作网罟而事佃渔。其为渔猎时代的酋长，亦似无疑义。从前的人，都说人类的经济，是从渔猎进而为游牧，游牧进而为耕农。其实亦不尽然。人类经济的进化，实因其所居之地而异。大抵草原之地，多从渔猎进入游牧；山林川泽之地，则从渔猎进为耕农。

神农氏，亦称烈山氏。"烈山"二字，似即《孟子》"益烈山泽而焚之"的烈山，为今人所谓"伐栽农业"。则我国民族居河南的，似乎并没经过游牧的阶级，乃从渔猎径进于耕农。黄帝，《史记》言其"迁徙往来无常处，以师兵为营卫"，这确是游牧部落的样子。涿鹿附近，地势亦很平坦，而适宜于游牧的。我国民族居河北的，大约是以游牧为业。游牧之民，强悍善战；农耕之民，则爱尚平和；所以阪泉涿鹿之役，炎族遂非黄族之敌了。

阪泉涿鹿，昔人多以为两役。然《史记·五帝本纪》，多同《大戴礼记》的《五帝德》《帝系姓》两篇，而《大戴礼记》只有黄帝和炎帝战于阪泉之文，更无与蚩尤战于涿鹿之事。而且蚩尤和三苗，昔人都以为是九黎之君。而三苗和炎帝，同是姜姓。又阪泉、涿鹿，说者多以为一地。所以有人怀疑这两役就是一役；蚩尤、炎帝，亦即一人。这个亦未可断定。然而无论如何，总是姜姓和姬姓的争战。经过此次战役而后，姬姓的部落就大为得势。颛顼、帝喾、尧、舜，称为共主的，莫非黄帝的子孙了。

　　我国历史，确实的纪年起于共和。共和元年，在民国纪元前二千七百五十二年，公元前八百四十一年。自此以上，据《汉书·律历志》所推，周代尚有一百九十二年，殷代六百二十九年，夏代四百三十二年。尧、舜两代，据《史记·五帝本纪》，尧九十八年，舜三十九年。如此，唐尧元年，在民国纪元前四千一百四十二年，公元前二千二百三十一年；三皇之世，距今当在五千年左右了。

第二章　唐虞的政治

孔子删《书》，断自唐虞，所以这时代史料的流传，又较黄帝、颛顼、帝喾三代为详备。

尧舜都是黄帝之后，其都城则在太原。太原与涿鹿均在冀州之域，可见，其亦系河北民族。但唐虞时代的文化似较黄帝时为高。《尧典》载尧分命羲和四子，居于四方，观察日月星辰，以定历法，"敬授民时"，可见其时业以农

帝尧

业为重，和黄帝的迁徙往来无常处大不相同了。这时代，有两件大事足资研究。一为尧、舜、禹的禅让，一为禹的治水。

据《尚书》及《史记》，则尧在位七十载，年老倦勤，欲让

位于四岳。四岳辞让。尧命博举贵戚及疏远隐匿的人。于是众人共以虞舜告尧。尧乃妻之以二女,以观其内;使九男事之,以观其外。又试以司徒之职。知其贤,乃命其摄政,而卒授之以天下。尧崩,三年之丧毕,舜避尧之子丹朱于南河之南。诸侯朝觐讼狱的,都不之丹朱而之舜;讴歌的,亦不讴歌丹朱而讴歌舜。舜才回到尧的旧都,即天子位。当尧之时,有洪水之患。尧问于众。众共举鲧,尧使鲧治之。九年而功弗成。及舜摄政,乃殛①鲧而用其子禹。禹乃先巡行四方,审定高山大川的形势。然后导江、淮、河、济而注之海。百姓乃得安居。九州亦均来贡。当时辅佐舜诸人,以禹之功为最大。舜乃荐禹于天。舜崩之后,禹亦让避舜之子商均。诸侯亦皆去商均而朝禹,禹乃即天子位。儒家所传,尧、舜、禹禅让和禹治水的事,大略如此。

禅让一事,昔人即有怀疑的,如《史通》的《疑古篇》是。此篇所据,尚系《竹书纪年》等不甚可靠之书。然可信的古书,说尧、舜、禹的传授,不免有争夺之嫌的,亦非无有。他家之说,尚不足以服儒家之心。更就儒家所传之说考之。如《孟子》《尚书大传》和《史记》,都说尧使九男事舜。而《吕氏春秋·去私》《求人》两篇,则说尧有十子。《庄子·盗跖篇》,又说尧杀长子。据俞正燮所考证,则尧被杀的长子名舅,就是《论语·宪问篇》所谓荡舟而不得其死,《书经·皋陶谟篇》所谓"朋淫于家,用殄厥世"的。又《书经·尧典》,说舜"流共工于幽州,放驩兜于崇山,窜三

---

① 殛(jí),杀死。——编者注

苗于三危，殛鲧于羽山，四罪而天下咸服"。而据宋翔凤所考证，则共工、驩兜和鲧，在尧时实皆居四岳之职。此等岂不可骇。然此尚不过略举；若要一一列举，其可疑的还不止此。儒家所传的话，几千年来，虽然即认为事实，而近人却要怀疑，亦无怪其然了。然古代的天子，究不如后世的尊严。君位继承之法，亦尚未确定。让国之事，即至东周之世，亦非无之。必执舜禹之所为和后世的篡夺无异，亦未必遂是。要之读书当各随其时的事实解之，不必执定成见，亦不必强以异时代的事情相比附。尧、舜、禹的禅让，具体的事实如何？因为书缺有间，已难质言。昔人说："五帝官天下，三王家天下。"我们读史，但知道这时代有一种既非父子、亦非兄弟，而限于同族的相袭法就是了。

治水之事，详见于《尚书》的《禹贡篇》。此篇所述，是否当时之事，亦颇可疑。但当时确有水患，而禹有治水之功，则是无可疑的。《尸子》说当时水患的情形，是"龙门未开，吕梁未凿，河出孟门之上，江淮流通，四海溟涬"。则其患，实遍及于今日的江、河流域。禹的治水，大约以四渎为主。凡小水皆使入大水，而大水则导之入海。未治之前，"草木畅茂，禽兽繁殖""民无所定，下者为巢，上者为营窟"；治

帝舜

水成功，则"人得平土而居之"。佐禹的益、稷，又"烈山泽而焚之""教民稼穑，树艺五谷"，人民就渐得安居乐业了。

舜所命之官，见于《尚书》的，有司空、后稷、司徒、士、共工、朕虞、秩宗、典乐、纳言等。又有四岳、十二牧。四岳，据《郑注》，是掌四方诸侯的。十二牧，则因当时分天下为十二州，命其各主一州之事，《书经》又述当时巡守之制：则天子五年一巡守。二月东巡守，至于东岳之下，朝见东方的诸侯。五月南巡守，至于南岳；八月西巡守，至于西岳；十一月北巡守，至于北岳；其礼皆同。其间四年，则四方诸侯，分朝京师。此所述，是否当时之事？若当时确有此制，则其所谓四岳者，是否是后世所说的泰山、衡山、华山、恒山，亦都足资研究。但当时，确有天子诸侯的等级；而尧、舜、禹等为若干诸侯所认为共主，则似无可疑。当时的政治，似颇注重于教化。除契为司徒，是掌教之官外，据《礼记·王制》所述，则有虞氏有上庠、下庠，夏后氏有东胶、西胶；一以养国老，一以养庶老。古人之教，最重孝弟。养老，正是所以孝弟，而化其犷悍之气的。我国的刑法，最古的是五刑，即墨、劓、刖、宫、大辟[1]。据《书经·吕刑》，则其法始于苗民，而尧采用之。而据《尧典》所载，则又以流宥五刑，鞭作官刑，朴作教刑，金作赎刑。后世所用的刑法，此时都已启其端倪了。

---

[1] 墨，在罪犯面部、耳后、颈项、手臂上刺刻后涂以墨的刑罚，是最轻的刑罚；劓（yì），割掉鼻子的刑罚；刖（fèi），断足的刑罚，重于劓刑；宫，男子割势、妇人幽闭的刑罚；大辟，即死刑，其名称和执行方式各代不尽相同。——编者注

第三章　夏代的政教

夏禹

夏为三代之一，其治法大约在春秋战国之世还未全行湮灭。在当时，孔子是用周道，墨子是用夏政的。我们读《墨子》的《天志》《明鬼》，可以想见夏代的迷信较后世为深；读《墨子》的《尚同》，可以想见夏代的专制较后世为甚；读《墨子》的《兼爱》，可知夏代的风气较后世为质朴；读《墨子》的《节用》《节葬》和《非乐》，可知夏代的生活程度较后世为低，而亦较后世为节俭。墨子之学，《汉书·艺文志》谓其出于清庙之守。清庙即明堂，为一切政令所自出，读《礼记·月令》一篇，可以知其大概。盖古代生活程度尚低，全国之内只有一所讲究的房屋，名为明堂。天子即居其中，所以就是后世的宫殿。祭祀祖宗亦于其中，所以就是后世的宗庙。古代的学校，本来带有宗教色彩的；当时天子典学，亦在这一所房屋之内，所以又是学校。一切机关，并未分设，凡百事件，都在此中商量，所以于一切政教，无所不包。明堂行政的要义，在于顺时行令。一年之中，某月当行某令，某月不可行某令，都一一规定，按照办理，像学校中的校历一般。如其当行而不行，不当行而行，则天降灾异以示罚。《月令》诸书的所述，大概如此。此等政治制度和当时的宗教思想，很有连带的关系。我们读《书经》的《洪范》，知道五行之说，是源于夏代的。什么叫作五行呢？便是"一曰水，二曰火，三曰木，四曰金，五曰土"。盖古人分物质为五类以为一切物。莫非这五种原质所组成。而又将四时的功能比附木火金水四种原质的作用；土则为四时生物之功所凭借。知识幼稚的时代，以为凡事必有一个神以主之。于是造为青、赤、黄、白、黑五帝，以主地上化育之功；而昊天上帝，则居于北辰之中，无所事事。此等思想，现在看起来，固然可笑。然而明堂月令，实在是一个行政的好规模，尤其得重视农业的意思。所以孔子还主张"行夏之时"。

我们看明堂月令，传自夏代；孔子又说："禹卑宫室而尽力乎沟洫"，可见夏代的农业，已甚发达。然其收税之法，却不甚高明。孟子说："夏后氏五十而贡。"又引龙子的话说："贡者，校数岁之中以为常。"这就是以数年收获的平均数，定一年收税的标准。如此，丰年可以多取，而仍少取，百姓未必知道储蓄；凶年不能足额，而亦非足额不可，百姓就大吃其苦了。这想是法制初定之时，没有经验，所以未能尽善。

学校制度。孟子说："夏曰校，殷曰序，周曰庠；学则三代共之，皆所以明人伦也。"案古代的学校，分大学小学两级。孟子所说的校、序、庠是小学，学是大学。古代的教育，以陶冶德行为主。"序者，射也"，是行乡射礼之地；"庠者，养也"，是行乡饮酒礼之地；都是所以明礼让，示秩序的。然则校之所教，其大致亦可推知了。至于学，则"春秋教以礼乐，冬夏教以诗书"。颇疑亦和宗教有深切的关系。礼乐都是祀神所用，诗是乐的歌词，书是教中古典。古代所以尊师重道，极其诚敬，亦因其为教中尊宿①之故。

夏代凡传十七主；据后人所推算，共历四百余年，而其事迹可考的很少。《史记》说禹有天下后，荐皋陶于天，拟授之以位，而皋陶卒，乃举益，授之政。禹之子启贤，诸侯不归益而归启，启遂即天子位。《韩非子》又说：禹阳授益以天下，而实以启人为吏。禹崩，启与其人攻益而夺之位。古无信史，诸子百家的话，都不免杂以主观。我们只观于此，而知传子之法，至此时渐次确定罢了。启之子太康，为有穷后羿所篡。《史记》但言其失国，而不言其失之之由。《伪古文尚书》谓由太康好畋，殊不足据。据《楚辞》及《墨子》，则由启沉溺于音乐，以致于此。其事实的经过，略见《左氏》襄公四年和哀公元年。据其说：则太康失

---

① 尊宿，一般指年老而有名望的高僧。——编者注

国之后，后羿自鉏迁于穷石，因夏民以代夏政。羿好田猎，又为其臣寒浞^①所杀。时太康传弟仲康，至仲康之子相，为寒浞所灭。并灭其同姓之国斟灌、斟寻氏。帝相的皇后，名字唤作缗，方娠，逃归其母家有仍。生子，名少康，后来逃到虞国。虞国的国君，封之于纶。有田一成，有众一旅。夏的遗臣靡，从有鬲氏，收斟灌、斟寻的余众，以灭浞而立少康。并灭寒浞的二子于过、戈。鉏与穷石，《杜注》都不言其地。其释寒国，则谓在今山东潍县。斟灌在山东寿光，斟寻亦在潍县。虞在河南虞城。纶但云虞邑。有鬲氏在山东德县。过在山东掖县^②。戈在宋、郑之间。其释地，似乎不尽可据。案《左氏》哀公六年引《夏书》，说："唯彼陶唐，帅彼天常，有此冀方。今失其行，乱其纪纲，乃灭而亡。"似指太康失国之事。又定公四年，祝佗说唐叔"封于夏虚"。唐叔所封，是尧的旧都，所以晋国初号为唐而又称之为夏虚，可以见禹之所居，仍系尧之旧都。穷石虽不可考，该距夏都不远，所以能因夏民以代夏政。夏人此时，当退居河南。少康虽灭寒浞，似亦并未迁回河北，所以汤灭桀时，夏之都在阳城了。

---

① 寒浞（hán zhuó），上古传说中的人物。本为寒国宗族，辅佐寒国国君伯明氏，被废弃。——编者注

② 掖县，即今山东莱州。——编者注

第四章　商代的政教

商代是兴于西方的。其始祖名契，封于商，即今陕西的商县。传十四世而至成汤。

《史记》说：自契至于成汤，八迁。汤始居亳，从先王居。八迁的事实和地点现在不大明了。其比较可靠的：《世本》说契居于蕃；其子昭明，居于砥石，迁于商。《左氏》襄公九年，说昭明子相土，居于商丘。蕃在今陕西华县附近。砥石不可考。

商丘，即春秋时的卫国，系今河南濮阳县。殷人帝喾而郊冥，

商汤

祖契而宗汤。帝喾冢在濮阳，都邑亦当相去不远。唯冥居地无考。汤所从的先王，如其是喾或契，则其所居之亳，该在商或商丘附近了。

这是汤初居之亳，至于后来，其都邑容有迁徙。汤征伐的次序，据《史记》《诗经》《孟子》，是首伐葛，次伐韦、顾，次伐昆吾，遂伐桀。《孟子》谓汤居亳，与葛为邻。后儒释葛，谓即汉宁陵县的葛乡，地属今河南宁陵县。因谓汤居亳之亳，必即汉代的薄县，为今河南商丘、夏邑、永城三县之地。葛究在宁陵与否，殊无确据。韦是今河南的滑县，顾是今山东的范县，亦不过因其地有韦城、顾城而言之，未敢决其信否。唯昆吾初居濮阳，后迁旧许，见于《左氏》昭公十二年和哀公十七年，较为可信。桀都阳城，见于《世本》，其说亦当不诬。旧许，即今河南的许昌。阳城，在今河南登封县[①]。

《史记》说：桀败于有娀之虚，奔于鸣条。有娀之虚不可考。鸣条则当在南巢附近。南巢，即今安徽的巢县，桀放于此而死。然则汤当是兴于陕西或豫北，向豫南及山东、安徽发展的。

商代传三十一世，王天下六百余年。其制度特异的，为其王位继承之法。商代的继承法，似乎是长兄死后，以次传其同母弟；同母弟既尽，则还立其长兄之子。所以《春秋繁露》说：主天者法商而王，立嗣与子，笃母弟。主地者法夏而王，立嗣与孙，笃世子。我们观此，知商代的习惯，与夏不同，而周朝则与夏相近。

---

① 今改为县级市，即登封市。——编者注

又商代之法，"君薨，百官总己，以听于冢宰，三年"。所以古书说"高宗谅暗，三年不言"。观此，则商代的君权，似不十分完全，而受有相当的限制。

此外，商代事迹可考见的，只有其都邑的屡迁。至其治乱兴衰，《史记》虽语焉不详，亦说得一个大概。今节录如下：

【太甲】修德，诸侯咸归殷，百姓以宁。

【雍己】殷道衰，诸侯或不至。

【太戊】殷复兴，诸侯归之。

【仲丁】迁于隞。

【河亶甲】居相。殷复衰。

【祖乙】迁于邢。殷复兴。

【阳甲】自仲丁以来，废适而更立诸弟子，弟子或争，相代立，比九世乱，诸侯莫朝。

【盘庚】涉河南，治亳。殷道复兴，诸侯来朝。

【小辛】殷复衰。

【武丁】修政行德，天下咸欢，殷道复兴。

【帝甲】淫乱，殷复衰。

【武乙】去亳，居河北。

【帝乙】殷益衰。

帝乙的儿子，就是纣了。

公元一八九八、一八九九年间，河南安阳县北的小屯，曾发现龟甲兽骨。有的刻有文字。

考古的人，谓其地即《史记·项羽本纪》所谓殷墟，或者是武乙所都。据以研究商代史事和制度的颇多，著书立说的亦不少。但骨甲中杂有伪品，研究亦未充分，所以其所得之说，尚未能据为定论。殷代政教，见于书传，确然可信的，则古书中屡说殷质而周文。

可见其时的风气尚较周代为质朴；一切物质文明的发达，亦尚不及周朝。又商人治地之法，名为助法。是把田分别公私。公田所入归公；私田所入，则全归私人所有。但借人民之力，以助耕公田，而不复税其私田，故名为助，这确较夏代的贡法，进步多了。

第五章　周初的政治

　　周代，因其国都的迁徙，而分为西周和东周。东周时代的历史和西周时代判然不同。在西周，还同夏、殷一样，所可考的，只有当时所谓天子之国的史事。到东周时代，则各方面的大国事迹都有可考，而天子之国反若在无足重轻之列。这是世运变迁，各地方均逐渐发达之故。现在且先说西周。

皋陶

　　周代是兴于现在的陕西的。其始祖后稷，封于邰。传若干世至不密，失官，窜于戎狄之间。再传至公刘，复修后稷之业，居于豳。九传至古公亶父，复为戎狄所逼，徙岐山下。《史记》说："古公贬戎狄之俗，营筑城郭宫室，而邑别居之。"又"作五官有司"。可见周朝崎岖戎狄之间，不为所同化，而反能开化戎狄了。周代的王业，实起于亶父，所以后来追尊为太王。太王有三子：长泰伯，次仲雍，因太王欲立季子季历，逃之荆蛮。太王遂立季历，传国至其子昌，是为周文王。文王之时，周益强盛。西伐犬戎、密须。东败耆，又伐邘、伐崇侯虎。作丰邑，自岐下徙都之。时荆、梁、雍、豫、徐、扬六州，都归文王。文王崩，子武王立。观兵至孟津。复归。后二年，乃灭纣。武王灭纣时，周朝对东方的权力，似乎还不甚完全。所以仍以纣地封其子武庚而三分其畿内之地，使自己的兄弟管叔、蔡叔、霍叔监之。武王崩，成王幼，武王弟周公摄政。三监和武庚俱叛。淮夷、徐戎，并起应之。周公东征，定武庚和三叔。又使子鲁公伯禽平淮夷徐戎。营洛邑为东都。周朝在东方的势力，就逐渐巩固了。

成王之后，传子康王，史称"成、康之际，天下安宁，刑措四十余年不用"。这所谓天下，大约实仅指周畿内的地方。孟子说："文王之治岐也，耕者九一，仕者世禄，关市讥而不征，泽梁无禁，罪人不孥。老而无妻曰鳏，老而无夫曰寡，老而无子曰独，幼而无父曰孤，文王发政施仁，必先斯四者。"大同时代的制度，到小康时代多少还能保存。依孟子所说，则文王的治岐①：实能（一）维持井田制度；（二）山泽之地，还作为公有；（三）商人并不收税；（四）而其分配，也还有论需要而不专论报酬的意思。成、康时代，果能保守这个规模，自然

---

① 治岐，即治理岐地。—— 编者注

能刑罚清简，称为治世了。然而时移世易，社会的组织暗中改变，此等制度遂暗中逐渐破坏；而在上的政治，亦不能长保其清明；社会的情形，遂觉其每况愈下了。所以孔子论小康之治，至成王、周公而告终；而《史记》亦说昭王以后，王道微缺。

《史记》说："昭王南巡守，不返，卒于江上。其卒不赴告，讳之也。"案春秋时，齐桓公伐楚，管仲曾以"昭王南征而不复"责问楚人。《左氏》杜注说：此时汉非楚境，所以楚不受罪。然据宋翔凤所考，则楚之初封，实在丹、淅二水之间。是役盖伐楚而败。周初化行江、汉的威风，至此就倒了。昭王崩，子穆王立。史称王室复宁。然又称穆王征犬戎，得四白狼、四白鹿以归，自是荒服者不至，则其对于西戎的威风亦渐倒。穆王之后，再传而至懿王。懿王之时，史称"王室遂衰，诗人作刺"。懿王三传而至厉王，以暴虐侈傲为国人所谤。王得卫巫，使之监谤，"以告则杀之"。国人不能堪。三年，遂相与畔，袭王。王奔于彘，卿士周、召二公当国行政，谓之共和。凡十四年厉王死，乃立其子宣王。宣王立，侧身修行，号为中兴。然传子幽王，又以宠爱褒姒故，废申后及太子宜臼。申侯和犬戎伐周，弑王于骊山下。诸侯共立宜臼，是为平王，东迁于洛。案周室之兴，本因和戎狄竞争而致。自穆王以后，似乎目以陵夷。再加以西南的中国与之合力，两路夹攻，就不免于灭亡了。平王藉前此所营的东都而仅存，然而号令不复能行于列国；而列国中强盛的亦渐多，遂成为"政由方伯"的局面。

第六章 春秋的霸业

孔子

从公元前七二二年起至公元前四八一年止，凡二百四十二年。这期间，孔子因鲁史修《春秋》，后人遂称为春秋时代。

春秋时代，王室已不能号令天下。列国内部有什么问题以及相互之间有什么争端，都由霸主出来声罪致讨或调停其事。霸主为会盟征伐之主。往往能申明约束，使诸侯遵守。列国对于霸主，也有朝贡等礼节；霸主虽有此威力，仍未能"更姓改物"。所以对于周天子，表面上仍甚尊重。王室有难，霸主往往能出来"勤王①"。文化

---

① 勤王，即君主制国家中君王有难，臣下起兵救援君王。——编者注

程度较低的民族，为文明诸国之患，霸主也要出来设法。所以"尊王攘夷"为霸主的重要事业。所谓霸主，在表面上，亦受天子的锡命①。论实际，则由其兵力强盛为诸侯所畏；又有相当的信义为诸侯所服而然。

首出的霸主为齐桓公。其创霸，在公元前六七九年。这时候，河北省里的山戎，为北燕之患。河南北间的狄人，又连灭邢、卫两国。齐桓公都兴兵救之。其时楚渐强盛，陈、蔡等国都受其威胁，即郑亦生动摇。齐桓公乃合诸侯以伐楚，与楚盟于召陵。孔子说："桓公九合诸侯，不以兵车。"可见其确有相当的信义，为诸侯所归向了。

齐桓公死后，宋襄公出来主持会盟。然国小，力不足。公元前六三八年，和楚人战于泓，为楚所败，伤股而卒。虽亦列为五霸之一，实在是有名无实的。

宋襄公死后，楚人的势力大张。适会晋文公出亡返国。用急激的手段训练其民，骤臻②强盛。公元前六三二年，败楚于城濮，称霸。

同时秦穆公，初本与晋和好。晋文公的返国多得其力。后来与晋围郑，听郑人的游说，不但撤兵而退，反还留兵代郑戍守。晋文公死后，穆公又听戍将的话，遣孟明等潜师袭郑，为郑人所觉，无功而还。晋襄公又邀击之于崤，"匹马只轮无返者"。秦穆公

---

① 锡命，天子有所赐予的诏命。——编者注

② 臻（zhēn），达到。如日臻完善。——编者注

仍用孟明，兴师报怨，又为晋人所败。穆公犹用孟明，增修德政。到底把晋国打败。遂霸西戎，辟地千里。亦列为五霸之一。

然而秦国的威权只限于今陕、甘境内。其在东方，还是晋、楚两国争为雄长。晋襄公死后，子灵公无道，势渐陷于不振。而楚国的庄王日强。公元前五九七年，败晋师于邲，称霸。庄王死后，子共王与晋厉公战于鄢陵，为晋所败。然厉公旋亦被弑。当时的形势，鲁、卫、曹、宋等国，多服于晋；陈、蔡及许，则服于楚；而郑为二国争点。厉公死后，共王仍与晋争郑。直至公元前五六二年，而郑乃服于晋。晋悼公称为后霸。公元前五四六年，宋大夫向戌为弭兵之盟，请"晋、楚之从交相见"。于是晋、楚的兵争作一结束，而吴、越继起。

吴本僻处蛮夷，服从于楚的。后来楚国的大夫巫臣，因事奔晋，为晋谋通吴以桡楚。于是巫臣于公元前五八四年适吴，教以射御战陈之法。吴遂骤强，时时与楚争斗。自今江苏的镇江，上至安徽的巢县，水陆时有战事，楚人不利时多。

弭兵盟后，楚灵王因此大会北方的诸侯。向来服从于晋之国都去奔走朝会于楚，表面上看似极盛。然而灵王实是暴虐奢侈的，遂致酿成内乱，被弑。平王定乱自立，又因信谗之故，国势不振。公元前五〇六年，楚相囊瓦因求贿之故，辱唐、蔡二国之君。蔡侯求援于晋，无效，遂转而求援于吴。吴王阖庐乘之，攻楚，入其都城。楚昭王逃到随国。幸赖其臣申包胥，求救于秦，杀败吴兵，昭王乃得复国。

阖庐虽破楚，伐越却不利。败于槜李，受伤而死。子夫差立，兴兵伐越，败之于夫椒。越王勾践，栖于会稽之山以请成，夫差许之。勾践归，卧薪尝胆，以谋报复。而夫差遽骄侈，北伐齐、鲁，与晋争长于黄池。公元前四七三年，遂为越所灭。勾践北会齐、晋于徐州，称为霸王。

　　然越虽灭吴，不能正江淮之土，其地皆入于楚，所以仍和北方的大局无关。其被灭于楚，在公元前三三四年，虽已是入战国后一百四十七年，然而其国，则久在无足重轻之列了。宇内的强国，仍是晋、楚、齐、秦。而晋分为韩、赵、魏三国，河北的燕亦日强。天下遂分为战国七雄，史称为战国时代。

第七章 战国的七雄

战国七雄，谁都知道以秦为最强。然而当其初年，实以秦为最弱。秦处关中，本杂戎狄之俗，其文化和生活程度，都较东方诸国为低。而战国初年，秦又时有内乱，魏人因之，攻夺其河西之地；而且北有上郡。现在陕西南部的汉中，则本属于楚。对于江、河两流域，秦人都并无出路。公元前三六〇年，

秦始皇

已是入战国后一百一十八年①了。秦孝公即位，用商鞅，定变法之令，一其民于农战，秦遂骤强。公元前三四〇年，秦人出兵攻魏，取河西。魏弃安邑，徙都大梁。秦人又取上郡。于是关中之地，始全为秦人所有。

秦国的民风，本较六国为强悍，而其风气亦较质朴。秦国的政令，又较六国为严肃。所以秦兵一出，而六国都不能敌。于是苏秦说六国之君，合纵以摈秦。然六国心力不齐，纵约不久即解散。张仪又说六国连衡以事秦。然秦人并吞之心，未必以六国服从为满足，而六国亦不能一致到底，六国相互之间，更不能无争战，所以横约的不能持久，亦与纵约同。

秦人灭六国，其出兵的路共有三条：一出函谷关，劫韩包周，此即今日自陕西出潼关到洛阳，而亦即周武王观兵孟津的路；一渡蒲津，北定太原，南攻上党，此即文王戡耆之路；一出武关，取南阳，又出汉中，取巴蜀，沿江汉而下，三道并会于湖北以攻楚。文王当日化行江、汉，亦就是这一条路。

秦既破魏，取河西，后又灭蜀。蜀是天府之国，其人民虽稍弱，而地方则极富饶，于秦人的经济大有裨益。于是秦人的东方经略开始。公元前三一三年，秦人败楚，取汉中。公元前三一一年，攻韩，拔宜阳。公元前二八〇年，秦又伐楚取黔中。于是江、汉两流域，秦人皆据上游之势。公元前二七五年，白起遂伐楚。取鄢、

---

① 按前以公元前481年起算，此应为121年。——编者注

邓、西陵。明年，又伐楚。拔郢，烧夷陵。楚东北徙都陈。后又
徙都寿春。公元前二六〇年，秦伐韩，拔野王。上党路绝，降赵，
秦败赵军于长平，坑降卒四十万。遂拔上党，北定太原。于是韩、赵、
魏三国，都在秦人控制之下。公元前二五七年，秦遂围赵都邯郸。
当这六国都岌岌待亡之时，列国虽发兵以救赵，然多畏秦兵之强，
不敢进。幸得魏公子无忌，窃其君之兵符，夺魏将晋鄙之军以救赵，
击败秦兵于邯郸下。赵国乃得苟延残喘。

　　然而六国的命运，终于不能久持。公元前二五六年，久已无
声无臭的周朝，其末主赧王，忽而谋合诸侯攻秦。秦人出兵攻周，
周人不能抵抗。赧王只得跑到秦国，尽献其地，周室于是灭亡。
公元前二三一年，秦人灭韩。公元前二二八年，灭赵。这时候，
赵人已拓境至代。于是赵公子嘉自立为代王，与燕合兵军上谷。
燕太子丹使荆轲入秦，谋刺秦王，不克。秦大发兵围燕。燕王奔
辽东。公元前二二五年，秦灭魏。公元前二二三年，灭楚。明年，
大发兵攻辽东，灭燕，还灭代。又明年，自燕南袭齐，灭之。于
是六国尽亡。其春秋时代较小的国：则许先灭于郑。郑亡于韩。
曹灭于宋。宋在战国时，其王偃曾一强盛，然不久即灭于齐。陈、
蔡及鲁，则均亡于楚。唯卫国最后亡。直到秦二世元年，即公元
前二〇九年，才迁其君而绝其祀。然而偌大一个中国，区区一卫
算得什么？所以当民国纪元前二一三二年，即公元前二二一年，
秦始皇灭齐之岁，史家就算它是中国一统。

第八章　春秋战国的学术思想

　　我国的学术思想，起源是很早的。然其大为发达，则在春秋战国之世。因为西周以前，贵族平民的阶级较为森严。平民都胼手胝足，从事于生产，没有余闲去讲求学问。即有少数天才高的人，偶有发明，而没有徒党为之授受传播，一再传后，也就湮没不彰了。所以学术为贵族所专有。贵族之中，尤其是居官任职的，各有其特别的经验，所以能各成为一家之学。东周以后，封建政体渐次破坏。居官任职的贵族，多有失其官守，降为平民的。于是在官之学，一变而为私家之学。亦因时势艰难，仁人君子都想有所建明，而其时社会阶级，渐次动摇，人民能从事于学问的亦渐多，于是一个大师往往聚徒至于千百，而学术之兴遂如风起云涌了。

　　先秦学术，司马迁《史记·太史公自序》载其父谈之论，分为阴阳、儒、墨、名、法、道德六家。《汉书·艺文志》，益以纵横家、杂家、农家、小说家，是为诸子十家。其中除去小说家，谓之九流。《汉志》推原其始，以为都出于王官。此外兵书分权谋、形势、阴阳、技巧四家；数术分天文、历谱、五行、蓍龟[①]、杂占、形法六家；以及方技略之医经、经方二家，推原其始，亦都是王官之一守，为古代专门之学。其与诸子各别为略，大约因校书者异其人之故。

诸家的学术，当分两方面观之：其一，古代本有一种和宗教混合的哲学。其宇宙观和人生观，为各家所同本。如阴阳五行以及万物之原质为气等思想。其二，则在社会及政治方面，自大同时代，降至小康，再降而入于乱世，都有很大的变迁。所以仁人君子，各思出其所学以救世。其中最有关系的，要推儒、墨、道、法四家。大抵儒家是想先恢复小康之治的，所以以尧、舜、禹三代为法。道家则主张径复大同之治，所以要归真返璞。法家可分法术两方面：法所以整齐其民，术则所以监督

左丘明

---

① 蓍龟（shī guī），古人以蓍草与龟甲占卜凶吉，因以指占卜。——编者注

当时的政治家，使其不能以私废公的。墨家舍周而法夏。夏代生活程度较低，迷信亦较甚。其时代去古未远，人与人间的竞争，不如后世之烈。所以墨子主张贵俭、兼爱；而以天志、明鬼为耸动社会的手段。此外，名家是专谈名理的。虽然去实用较远，然必先正名，乃能综核名实，所以"名法"二字往往连称。农家，《汉志》谓其"欲使君臣并耕，悖上下之序"，所指乃《孟子》书所载的许行。大约是欲以古代农业共产的小社会为法的，其宗旨与道家颇为相近。纵横家只谈外交，则与兵家同为一节之用了。

阴阳家者流，似乎脱不了迷信的色彩。然而此派是出于古代司天之官的。所以《汉志》说"敬授民时"是其所长。古代《明堂月令》之书，规定一年行政的顺序和禁忌，和国计民生很有关系，不能因其理论牵涉迷信，就一笔抹杀的。诸子中的阴阳家和数术略诸家关系极密。数术略诸家，似亦不离迷信。然《汉志》说形法家的内容，是"形人及六畜骨法之度数，器物之形容，以求其声气贵贱吉凶。犹律有长短，而各征于声，非有鬼神，数自然也"。其思想，可谓近乎唯物论。惜乎其应声很少，这一派思想就渐渐地消沉了。

古代的学问，都是所谓专门之学。凡专门之学，对于某一方面必然研究得很深。对于别一方面，即不免有轻视或忽略之弊。此由当时各种学问初兴，传播未广之故。只有杂家，《汉志》称其"兼名、法，合儒、墨"，却颇近于后世的通学。

诸家的学问，都出于官守。只有小说家，《汉志》称为"街谈巷语，道听途说者所造"，似乎是民间流传之说。今其书已尽亡。唯据《太平御览》引《风俗通》，则"城门失火，殃及池鱼"之说，实出于小说家中的《百家》。则其性质，亦可想见了。

第三编

中古史

第一章　秦之统一及其政策

谁都知道，统一是始于秦的。其实统一是逐渐进行的。然而统一的完成，确在公元前二二一年，即秦王政的二十六年。积世渴望的统一，到此告成，措置上自然该有一番新气象。

秦王政统一之后，他所行的第一事，便是改定有天下者之号，称为皇帝。命为制，令为诏。而且说古代的谥，是："子议父，臣议君也，甚无谓，朕弗取焉。"于是除去谥法，自称为始皇帝。后世则以数计，如二世、三世等。

郡县之制，早推行于春秋战国之世，已见前编。始皇并天下后，索性加以整齐，定为以郡统县之制。分天下为三十六郡。每郡都置守、尉、监三种官。

始皇又收天下之兵器，都聚之于咸阳。把它销掉，铸作钟镰和十二个金人。

当时有个仆射周青臣，恭维始皇的功德。又有个博士淳于越，说他是面谀①。说郡县制度，不及封建制度。始皇下其议。丞相李斯，因此说："诸生不师今而学古，以非当世，惑乱黔首。"又说："人闻令下，则各以其学议之。""如此弗禁，则主势降乎上，党与成乎下。"于是拟定一个烧书的办法，是：

（一）史官非秦记皆烧之。

（二）非博士官所职，天下有敢藏诗、书、百家语者，悉诣守尉杂烧之。

（三）有敢偶语诗书弃市。以古非今者族。吏见知不举者与同罪。令下三十日不烧，黥为城旦。

（四）所不去者，医药、卜筮、种树之书。若有欲学——法令——以吏为师。

焚书的理由，早见《管子·法禁》和《韩非子·问辩》两篇。这是法家向来的主张。始皇、李斯，不过实行它罢了。法家此等主张，在后世看来，自然是极愚笨。然而在古代，本来是"政教合一，官师不分"的。"尊私学而相与非法教"，不过是东周以后的事。始皇、李斯此举，也不过想回复古代的状况罢了。

至于坑儒，则纯然另是一回事。此事的起因，由于始皇相信神仙，招致了一班方士，替他炼奇药，带着童男女入海求神仙。后来有个方士卢生和什么侯生，私议始皇，因而逃去。始皇大怒，说："吾收天下书不中用者尽去之。悉召文学、方术士，欲以致太平，求奇药。如今毫无效验，反而诽谤我。"于是派御史去按问。

----

① 面谀（miàn yú），即当面恭维。——编者注

诸生互相告引。因而被坑的，遂有四百六十余人。这件事虽然暴虐，却和学术思想是了无干系的。

还有一件事，则和学术界关系略大。汉代许慎作《说文解字序》，把汉以前的文字，分作五种：（一）古文。（二）大篆。（三）小篆。（四）隶书。（五）草书。他把周宣王以前的文字，总称为古文。说周宣王时，太史籀^①作大篆十五篇，与古文或异。又说："七国之世，言语异声，文字异形。秦并天下，丞相李斯，乃奏同之，罢其不与秦文合者。李斯作《仓颉篇》，中车府令赵高作《爰历篇》，太史令胡毋敬作《博学篇》。皆取史籀大篆，或颇省改。"这是小篆。又说：此时"官狱职务繁，初有隶书，以趋约易，而古文由此绝矣"。案七国之世，所谓言语异声，大约是各处方言音读之不同。至于文字异形，则一者是字形的变迁。二者，此时事物日繁，学术发达，旧有之字，不足于用，自然要另造新字。所造的字，自然彼此不相关会了。秦朝的同文字，是大体以史籀的大篆为标准，而废六国新造的字。这件事，恐亦未必能办到十分。然而六国的文字，多少总受些影响。所谓"古文由此绝"，这"古文"两字，实在是连六国文字不与秦文合的部分，都包括在内的。汉兴以后，通用隶书。秦朝所存留的字，因

---

① 史籀（zhòu），相传为周宣王时的太史官，另一假说春秋战国间秦人。"史"意为史官，名"籀"，或为姓史名籀，目前尚无确切的考证。世人所知史籀，是因为《史籀篇》这部中国见于著录最早的字书，其书体与大篆类似，又稍有不同。——编者注

为史籀、李斯、赵高、胡毋敬等所作字书还在，所以还可考查。此等已废的文字，却无人再去留意。所以至汉时，所谓古文，便非尽人所能通晓了。

当始皇之世，是统一之初，六国的遗民，本来不服。而此时也无治统一之世的经验。不知天下安定，在于多数人有以自乐其生，以为只要一味高压，就可以为所欲为了。于是专用严刑峻法。而又南并南越，北攘匈奴，筑长城。还要大营宫室，岁岁巡游。人民既困于赋役，又迫于威刑，乱源早已潜伏。不过畏惧始皇的威严，莫敢先发罢了。公元前二一〇年，始皇东游，还至平原津而病。崩于沙丘。始皇长子扶苏，因谏坑儒生，被谪，监蒙恬军于上郡。少子胡亥和始皇叫他教胡亥决狱的赵高从行。于是赵高为胡亥游说李斯矫诏，杀扶苏和蒙恬。秘丧，还至咸阳，即位。是为二世皇帝。而揭竿斩木之祸，便随之而起了。

第二章 秦汉之际

秦二世的元年，便是公元前二〇九年，戍卒陈胜、吴广，因为遣戍渔阳，自度失期当死，起兵于蕲。北取陈。胜自立为楚王。于是六国之后，闻风俱起。

魏人张耳、陈余，立赵后歇为赵王。

周市立魏公子咎为魏王。

燕人韩广，自立为楚王。

齐王族田儋，自立为齐王。

时二世葬始皇于骊山，工程极其浩大。工作的有七十万人。二世听了赵高的话，把李斯杀掉。以为山东盗是无能为的。后来陈胜的先锋兵打到戏，才大惊，赦骊山徒，命少府章邯，带着出去征讨。这时候，秦朝政事虽乱，兵力还强。山东乌合之众，自然不能抵敌。于是陈胜、吴广先后败死。章邯北击魏。魏王咎自杀。齐王儋救魏，亦败死。

先是楚将项燕之子梁和其兄子籍，起兵于吴。沛人刘邦，亦起兵于沛。项梁渡江后，因居鄭人范增的游说，立楚怀王之后心于盱眙，仍称为楚怀王。项梁引兵而北，其初连胜两仗。后来亦为章邯所袭杀。于是章邯以为楚地兵不足忧，北围赵王于巨鹿。

楚怀王派宋义、项籍、范增北救赵，刘邦西入关。宋义至安阳，逗留四十六日不进。项籍矫怀王命杀之。引兵北渡

项籍

河，大破秦兵于巨鹿下。章邯因赵高的猜疑，就投降了项籍。先是韩人张良，因其先五世相韩，尝散家财，募死士，狙击秦始皇于博浪沙中，想为韩报仇。及项梁起兵，张良游说他，劝他立韩国的公子成为韩王。刘邦因张良以略韩地，遂入武关。赵高弑二世，立公子婴，想和诸侯讲和，保守关中，仍回复其列国时代之旧。子婴又刺杀赵高。而刘邦的兵，已到灞上了。子婴只得投降。秦朝就此灭亡。时为公元前二〇六年。

项籍既降章邯，引兵入关。刘邦业已先入，遣兵将关把守了。项籍大怒，把他打破。这时候，项籍兵四十万，在鸿门。刘邦兵十万，在灞上。项籍要打刘邦。其族人项伯和张良要好，到刘邦

军中，劝良同走。刘邦因此请项伯向项籍解释，自己又亲去谢罪。一场风波，才算消弭。

这时候，封建思想还未破除。亡秦之后，自然没有推一个人做皇帝之理。于是便要分封，当封的，自然是一，前此六国之后；二，亡秦有功之人。而分封之权，自然是出于众诸侯的会议，能操纵这会议的，自然是当时实力最强的人。于是项籍便和诸侯王议定分封的人，如下：

项籍	西楚霸王	王梁楚地九郡，都彭城（今江苏铜山县）	
刘邦	汉王	王巴、蜀、汉中，都南郑（今陕西南郑县）	
章邯	雍王	王咸阳以西，都废丘（今陕西兴平县）	以下三人，为秦降将。项籍未入关即封之，当时称为三秦。
司马欣	塞王	王咸阳以东，至河，都栎阳（今陕西临潼县）	
董翳	翟王	王上郡，都高奴（今陕西肤施县）	
魏王豹	西魏王	王河东，都平阳（今山西临汾县）	魏王咎的兄弟，咎死后，奔楚，楚立为魏王，此时徙西魏。汉王出关，豹降汉，汉复立为魏王。豹叛汉与楚，为韩信所虏。
韩王成	韩王	都阳翟（今河南禹县）	旋为楚所杀，立故吴令郑昌为韩王。
申阳	河南王	都洛阳	张耳嬖人。
司马卬	殷王	殷王故墟，都朝歌（今河南淇县）	赵将。

赵王歇	代王	都代（今河北蔚县）	秦兵围巨鹿时，张耳在城内，陈余在城外。围解后，张耳怨陈余不救，责让他。陈余反怒，将印交张耳，自去渔猎。因此未从诸侯入关，不得为王，因所居南皮（今河北南皮县），封之三县。余怒。会田荣叛楚。余请兵于荣，击破张耳。耳奔汉。余迎赵王歇还赵，歇封余为代王，留为赵相。后张耳与韩信破赵。赵王歇被擒，余被杀。
张耳	常山王	赵王，都襄国（今河北邢台县）	
英布	九江王	都六（今安徽六安县）	楚将，后叛楚降汉。
吴芮	衡山王	都邾（今湖北黄冈县）	秦鄱阳令起兵，从诸侯入关。
共敖	临江王	都江陵(今湖北江陵县)	义帝柱国。子尉，为汉所虏。
燕王广	辽东王	都无终（今河北蓟县）	为臧荼所杀。
臧荼	燕王	都蓟（今河北北平县）	燕将。汉高祖得天下后，谋反，被杀。
齐王市	胶东王	都即墨(今山东即墨县)	田儋的儿子。儋死后，其兄弟荣，立他做齐王。至是，徙胶东。荣发兵距杀田都，留市于齐。市逃往胶东。田荣怒，发兵追杀市。时彭城有众万余人，在巨野（今山东巨野县），无所属。荣与以将军印，使击杀济北王安。荣遂并王三齐（齐、胶东、济北）。后为项羽所杀。田荣的兄弟横，又立田荣的儿子广。为汉韩信所虏，横逃入海岛。汉高祖定天下后，召之，未至洛阳，自杀。

| 田都 | 齐王 | 都临淄（今山东临淄县） | 齐将。 |
| 田安 | 济北王 | 都博阳（今山东泰安县） | 齐王建（战国时最后的齐王）孙。 |

当楚怀王遣将时，曾说：先入关中者王之。照这句话，此时当王关中者为刘邦。然而项籍受章邯之降时，已将秦地分王邯等三人了。这大约是所以抚慰降将之心，减少其抵抗力的。其时刘邦的能先入关，原是意想不到的事。这时候不便反悔。于是说：（一）怀王不能主约；（二）巴、蜀、汉中，亦是关中之地，就把刘邦封为汉王。这也不能说不是一种解释。然而龙争虎斗之际，只要有辞可惜，便要借口的，哪管得合理不合理？

项籍尊楚怀王为义帝，而自称霸王。照春秋战国的习惯，天子原是不管事的，管理诸侯之权，在于霸主。这时候，天下有变，自然责在项籍。于是因田荣的反叛，出兵征讨。汉王乘机便说：项籍分封不平，以韩信为大将，北定三秦又破韩、河南、西魏、殷四国。并塞、翟、韩、殷、魏之兵五十六万人东伐楚。居然攻入楚国的都城，项籍闻之，以精兵三万人，从胡陵还击。大破汉兵。汉王脱身逃走。然而汉王有萧何，守关中以给军食。坚守荥阳、成皋以拒楚。而使韩信北定赵、代，转而东南破齐。而项籍的后方，为彭越所扰乱，兵少食尽。相持数年，楚兵势渐绌。乃与汉约，以鸿沟为界，中分天下。汉王背约追楚。围项籍于垓下。项籍突围而走。至乌江，自刎死，于是天下又统一了。时为公元前二○二年。

第三章　前汉的政治

前汉凡二百一十年，在政治上，可以分作四期：

第一期：高祖初定天下。这时候，还沿着封建思想，有功之臣，与高祖同定天下的，其势不得不封。而心上又猜忌他。于是高祖听娄敬的话，徙都关中，想借形胜以自固。又大封同姓之国，以为屏藩。这时候，异姓王者八国，除长沙外，多旋就灭亡。同

汉高祖

姓王者九国，都跨郡三四，连城数十，遂成为异日的乱源。高祖开国之后，是外任宗室，内任外戚的。所以吕后在其时，很有威权。高祖死后，惠帝柔弱，政权遂入于吕后之手。先是高祖刑白马与

诸侯盟说："非刘氏而王者，天下共击之。"惠帝死后，吕后临朝，就分封诸吕。又使吕禄、吕产统带守卫京城和宫城的南北军。吕后死后，齐哀王起兵于外。诸吕使灌婴击之。灌婴阴与齐王连和，顿兵不进。汉朝的大臣因此劝诸吕罢兵就国，诸吕犹豫不决。而太尉周勃乘隙突入北军，和齐王的兄弟朱虚侯章等，攻杀诸吕。杀掉太后所立的少帝和常山王弘，而迎立文帝。于是汉初握权的外戚打倒，而晨星寥落的功臣，自此以后也逐渐凋零。特殊势力只有因私天下之心所封建的宗室了。

汉文帝

当汉初，承春秋战国以来五百余年的长期战争，加以秦代的暴虐，秦、汉之际的扰乱，天下所渴望的是休养生息。而休养生息之治，只有清静不扰的政策最为相宜。汉初已有这个趋势。文、景二代的政治，尤能应这要求，所以社会上顿呈富庶之象。这时候，内而诸侯之尾大不掉，外而匈奴之时来侵犯，都是亟待解决的问题。文帝也一味姑息，明知吴王濞有反谋，却赐之几杖以安之。匈奴屡次入寇，也只是发兵防之而已。到后来，封建的问题，到底因吴楚七国之乱而解决。而对外的问题，则直留待武帝时。至于制民之产和振兴文化，则文、景二代，更其谦让未遑了。要而言之：这一期，是以休养生息为主。可称西汉政治的第二期。

第三期是武帝。武帝是个雄才大略之主，很想内兴文治，外耀武功。于是立五经博士，表章六艺，罢黜百家。又北伐匈奴，西通西域，南平闽越、南越，东北并朝鲜，西南开西南夷。一时武功文治，赫然可观。然而武帝也和秦始皇一样，信方士，营宫室，又时出巡幸。财用不足，乃用孔仅、桑弘羊等言利之臣，又用张汤等酷吏，遂致民愁盗起，几乎酿成大乱。末年虽然追悔，天下元气业已大受其伤了。武帝的太子据，因"巫蛊之祸"而死。晚年，婕妤赵氏生昭帝，武帝恐身后嗣君年少，母后专权，杀婕妤，然后立昭帝为太子。武帝崩，昭帝立。霍光、上官桀等同受遗诏辅政。武帝长子燕王旦①和上官桀、桑弘羊等谋反，为霍光所杀。昭帝崩，无子。霍光迎立武帝孙昌邑王贺。百日，废之。迎立戾太子孙病已，是为宣帝。当霍光秉政时，颇务轻徭薄赋，与民休息。宣帝少居民间，知民疾苦。即位后，留心于刑狱及吏治，亦称治安。自武帝末年至此，憔悴的人民，又算稍获休息。这是西汉政治的第三期。自元帝以后，则君主逐渐愚懦，更兼之短祚②，外戚的威权日张，遂入于第四期了。

汉代去古未远，宗法社会的思想，深入人心。人所视为可靠的，非宗室则外戚。汉初宗室，势力太大，致酿成吴、楚七国之乱。

---

①　汉武帝长子是刘据，燕王旦是他的第三子。——编者注

②　短祚（zuò），谓皇帝在位年限很短。《汉书·成帝纪赞》："哀平短祚，莽遂篡位。"——编者注

乱后，宗室的势力遂被打倒，而外戚则势焰大张。元帝本是个柔仁好儒的人，然而暗于听受，宦官弘恭、石显专权，威权渐陷于不振。成帝很荒淫，委政于外家王氏。王凤、王音、王商、王根，相继为相，遂肇篡窃之势。哀帝夺王氏之权，然所任的，亦不过外家丁氏和其祖母之族傅氏。哀帝死后，成帝的母亲召用王莽。王莽本是抱负大志，想得位以行其所抱负的。于是弑平帝，立孺子婴，莽居摄践阼①。旋又称假皇帝。而西汉之天下，遂移于新室了。时为公元八年。

汉景帝

---

① 践阼（zuò），亦作"践祚"，即位或登基。古代庙寝堂前两阶，主阶在东，称阼阶。——编者注

第四章 新莽的改制

当秦汉之世，实有一从东周以降，悬而未决的社会问题。制民之产，在古代的政治家，本视为第一要事。"先富后教"，"有恒产而后有恒心"，民生问题不解决，政治和教化，都是无从说起的。汉代的政治家，还深知此义。"治天下不如安天下，安天下不如与天下安"，乃后世经验多了，知道"天下大器"，不可轻动，才有此等姑息的话。汉代的人，是无此思想的。多数的人，对于社会现状，都觉得痛心疾首。那么，改革之成否，虽不可知，而改革之事，则终不可免，那是势所必然了。然则汉代的社会，究竟是何情状呢？

当时的富者阶级，大略有二：一是大地主。董仲舒说它"田连阡陌；又颛川泽之利，管山林之饶"，而贫者则"无立锥之地"。二是大工商家。晁错说它"男不耕耘，女不蚕织，衣必文采，食必粱肉"，"因其富厚，交通王侯，力过吏势"。因以兼并农人。

封建势力，未曾划除，商业资本，又已兴起。胼手胝足的小民，自然只好"衣牛马之衣，食犬彘之食"了。

汉世救正之法，是减轻农民的租税，至于三十而取一。然而私家的田租，却十取其五。所以荀悦说："公家之惠，优于三代，豪强之暴，酷于亡秦。"武帝时，董仲舒尝提出"限民名田"之法，即是替占田的人，立一个最大的限制，不许超过。武帝未能行。哀帝时，师丹辅政。一切规制，业已拟定，又为贵戚所阻。至于法律上，贱视商人，"如贾人不得衣丝乘车""市井之子孙不得为官吏"等，于其经济势力，不能丝毫有所减削。武帝时，桑弘羊建盐铁官卖和均输之法，名以困富商大贾，然实不过罗掘之策，反以害民。其于社会政策，自更去之愈远了。

到新莽时，才起一个晴天霹雳。新莽的政策，是：

更名天下田曰王田，奴婢曰私属。皆不得买卖。男口不盈八，而田过一井的，分余田与九族乡党。

立五均司市泉府。百姓以采矿、渔猎、畜牧、纺织、补缝为业和工匠、巫医、卜祝、商贾等，都自占所为，除其本，计其利，以十一分之一为贡。司市以四时仲月，定物平价。周于民用而不售的东西，均宜照本价买进。物价腾贵，超过平价一钱时，即照平价卖出。百姓丧祭之费无所出的，泉府把工商之贡借给他，不取利息。如借以治产业的，则计其赢利，取息一分。

立六管之制。把盐、酒、铁、山泽、赊贷、钱布铜冶六种事业，收归官办。

新莽的制度：一平均地权。二把事业之大者都收归国营。三虽然未能变交易为分配，然而于生产者、贩卖者、消费者三方面，亦思有以剂其平，使其都不吃亏，亦都无所牟大利。果能办到，岂非极好的事？然而国家有多大的资本，可以操纵市场？有多细密严肃的行政，可以办这些事，而不至于有弊？这却是很大的疑问。而新莽是迷信立法的。他以为"制定则天下自平"。于是但"锐思于制作"，而不省目前之务。如此大改革，即使十分严密监督，还不能保其无弊，何况不甚措意呢？于是吏缘为奸，所办的事，目的都没有达到，而弊窦反因之而百出。新莽后来，也知道行不通了。有几种办法，只得自己取消。然而事已无及了。

新莽尤其失计的，是破坏货币制度。原来汉代钱法屡变，其最后民信用的，便是五铢钱。钱法金、银、龟、贝杂用，原是经济幼稚时代的事，秦时，业已进它到专用金属。汉世虽云黄金和铜钱并用，然而金价太贵，和平民不发生关系，为全社会流通之主的，自然还是铜钱。所以铜钱，便是当时经济社会的命脉。而新莽却把五铢钱废掉。更作金、银、龟、贝、钱、布，共有五物，六名，二十八品行之。于是"农桑失业，食货俱废"。大乱之势，就无可遏止了。

新莽的大毛病，在于迂阔。其用兵也是如此。新室的末年，所在盗起。其初原不过迫于苛政，苟图救死。然而新政府的改革，既已不谅于人民，则转而思念旧政府，亦是群众应有的心理。于是刘氏的子孙，特别可以做号召之具。当时新市、平林之兵，有汉宗室刘玄在内，号为更始将军。而后汉光武帝，亦起兵春陵，与之合。诸将共立更始为帝，北据宛。新莽发四十万大兵去打他。

军无纪律，又无良将，大败于昆阳。威声一挫，响应汉兵者蜂起，新室遂不能镇壁。更始派兵两支：一北攻洛阳，一西攻武关。长安中兵亦起。新莽遂为所杀。时为公元二十三年。更始先已移都洛阳，至是又移都长安。此时人心思治，对于新兴的政府，属望很深。而新市、平林诸将，始终不脱强盗行径，更始则为所挟制，不能有为。光武帝别为一军，出定河北。以河内为根据地，即帝位于鄗。这时候，拥兵劫掠的人，到处都是。而山东赤眉之众最盛。公元二十五年，赤眉以食尽入关。更始为其所杀，洛阳降光武，光武移都之。光武遣将击破赤眉，赤眉东走。光武自勒大兵，降之宜阳，于是最大的流寇戡定。然而纷纷割据的尚多，其中较大的：如汉中的延岑，黎邱的秦丰，夷陵的田戎，睢阳的刘永，亦都遣兵或亲身打定。只有陇西的隗嚣^①，颇得士心。成都的公孙述，习于吏事，二人稍有规模。光武久在兵间，厌苦战事，颇想暂时置之度外，而二人复互相连结，意图摇动中原。于是公元三十四、公元三十六两年，先后遣兵把他灭掉。河西的窦融，则不烦兵力而自归，天下又算平定了。

---

① 隗嚣，字季孟，天水成纪（今甘肃秦安）人。出身陇右大族，青年时代在州郡为官，以知书通经而闻名陇西。王莽的国师刘歆闻其名，举为国士。刘歆叛逆后，隗嚣归故里。——编者注

第五章　后汉的政治

莽末之乱，其经过约二十年。虽然不算很久，然而蔓延的范围很广，扰乱的情形，也十分厉害。所以民生的凋敝，更甚于秦汉之间。光武帝平定天下后，亦是以安静为治。内之则减官省事，外之则拒绝西域的朝贡，免得敝中国，以事四夷。而又退功臣，进文吏，

汉光武帝

留心于政治。所以海内日渐康宁。明、章两代，也能继承他的治法。这三朝，称为后汉的治世。

后汉的政治，坏于外戚宦官的专权，而外戚的专权，起于和帝之世。先是章帝皇后窦氏无子，贵人宋氏生子庆，立为太子。

梁氏生子肇，窦后养为己子，后诬杀二贵人，废庆为清和王，而肇立为太子。章帝崩，肇立，是为和帝，太后临朝。后兄宪为大将军，专权骄恣。和帝既长，和宦官郑众谋杀之。是为后汉皇帝，与宦官谋诛外戚之始。和帝崩，殇帝立，生才百余日，明年，又崩。太后邓氏，迎立安帝，临朝凡十五年。邓太后崩后，安帝自用其皇后之兄阎显。又宠信诸中常侍和乳母王圣等。阎皇后无子，后宫李氏生顺帝，立为太子，阎皇后潜废之。安帝崩，阎后迎立北乡侯，未逾年薨。宦者孙程等迎立顺帝，杀阎显，迁阎后于离宫。顺帝用后父梁商为大将军。商死后，子冀继之，专恣较前此之外戚为更甚。顺帝崩后，子冲帝立，一年而崩。冀与太后定策禁中，迎立质帝。质帝虽年少，而知目冀为"跋扈将军"，遂为冀所弑，迎立桓帝。桓帝和宦官单超等合谋，把梁冀杀掉，于是后汉外戚专权之局终，而宦官转横。

外戚宦官，更迭把持，朝政自然很腐败。因此而引起羌乱，因此而激成党祸。

羌人本住在湟水流域，后来弃湟水，西依鲜水、盐池。莽末，乘乱内侵。光武、明、章、和四代，屡次发兵，把它打破。然而降羌散处内地的很多，郡县豪右，都要侵陵役使它。安帝时，羌遂反叛。降羌本是个小寇，造反时，连兵器都没有。然而当时带兵的人，都观望不战。凉州一方面的长官，则争着迁徙到内地，置百姓于不顾，或则强迫迁徙，于是羌寇转盛。至于东寇三辅，南略益州，汉兵仅能保守洛阳附近而已。而兵费的侵渔，又极厉害。安帝时，用兵十余年，兵费至二百四十亿，才算勉强平定。顺帝时，羌乱又起，兵费又至八十余亿。直到桓帝，任用段颎，尽情诛剿，又经过好几年，才算平定。然而汉朝的元气，则自此而大伤了。

党祸起于后汉的士好立名，初则造作名目，互相标榜，进而诽议公卿，裁量执政。这时候，游学极盛，太学诸生，至三万余人，恰好做了横议的大本营。当时宦官兄弟姻亲，布满州郡，尽情惩治，自然是人情之所欲，而亦是立名的一个机会。于是宦官与名士，势成水火。桓帝也是相信宦官的，宦官遂诬他们结连党羽，诽议朝政，一概加以逮治。后因后父窦武替他们解释，才放归田里，然而还禁锢终身。桓帝崩，无子，窦后和窦武定策禁中，迎立灵帝。年方十二，太后临朝。窦武为大将军，陈蕃为太傅，谋诛宦官曹节、王甫等，不克，反为所杀。于是党狱复兴，诸名士身受其害，和因其逃亡追捕，而人民因之受祸的更多。善类遭殃，天下丧气。灵帝年长，尤其相信宦官。又喜欢"私稴"卖官、厚敛，无所不为。于是民穷财尽，而黄巾之祸又起。

黄巾的首领，是巨鹿张角，借符水治病以惑众。其徒党，遍于青、徐、幽、冀、荆、扬、兖、豫八州。角遂谋为乱。暗中署置其众，为三十六方。约以公元一八四年举事，未及期而事泄，角遂驰敕诸方，一时俱起。虽然乌合之众，旋即打平。然自此盗贼群起，都以黄巾为号，郡县莫能捕治。于是听刘焉的话，改刺史为州牧，外官的威权渐重，又伏下一个乱源。

而中央又适有变故，以授之隙。灵帝皇后何氏，生废帝。美人王氏，生献帝。灵帝意欲废嫡立庶，未及行而病笃，把这事属托宦官蹇硕。时何皇后之兄进为大将军。灵帝崩后蹇硕意欲诱杀何进而立献帝。何进知之，拥兵不朝。蹇硕无如之何。于是废帝立，而蹇硕亦被杀。何进因欲尽诛宦官，太后不肯。进乃谋召外兵，以迫胁太后，宦官知事急，诱进入宫，把他杀掉。进官属袁绍等，遂举兵攻杀宦官，正当大乱之际，而凉州将董卓适至，京城中大权，遂落其手。董卓既握大权，废少帝而立献帝。袁绍奔山东，号召州郡，起兵讨卓，推绍为盟主。董卓劫献帝奔长安。山东州郡，并无讨贼的决心，各据地盘，互相吞并。而董卓暴虐过甚，为司徒王允和其部将吕布所杀。卓将李傕、郭汜，起兵为卓报仇，攻破长安，王允被杀。吕布奔东方。后来傕、汜二人，又自相攻击。献帝崎岖逃到洛阳，空虚不能自立。其时曹操据兖州，颇有兵力。乃召操入洛阳以自卫。操既至，迁帝都许。于是大权尽归曹氏，献帝仅拥虚名而已。而纷纷割据的人多，曹操亦一时不能平定，遂终成为三国鼎立之局。

第六章 秦汉的武功

秦汉之世，是我国对内统一的时代，亦是我国向外拓展的时代。中国本部的统一，完成于此时，历代开拓的规模，亦自此时定下。所以秦汉的武功，是一个亟须研究的问题。

中国的北方，紧接蒙古高原。蒙古高原是一个大草原，最适于游牧民族居住。而游牧民族性好侵略，所以历代都以防御北族为要务。三代以前，匈奴和汉族杂居黄河流域。蒙古高原大约无甚大民族。至秦朝初年，而匈奴以河南为根据地。秦始皇命蒙恬把它赶掉，把河南收进来。筑长城，自临洮至辽东，延袤万余里。这长城，大约是因山川自然之势，将从前秦、赵、燕诸国所筑的长城连接起来的。其路线全与现今的长城不同。就形势推测，大约现在的热、察、绥、辽宁等省都当包括在内。秦末大乱，戍边的都自行离开。于是匈奴复入居河南。这时候，匈奴出了个人杰，便是冒顿单于。北方游牧种族，东有东胡，西有月氏，都给匈奴所击破。匈奴又北服丁令等国。其疆域，直达今西伯利亚南部。而因月氏的遁走，汉文帝时，匈奴又征服西域。于是长城以北，引弓之民，都归匈奴所制驭，俨然和中国南北对立了。汉高帝征伐匈奴，被围于平城，七日乃解。后来用娄敬的计策，以宗室女为单于阏氏，和他和亲。这是中国历代，以结婚姻为和亲政策之始。吕后及文、景二代，都守着和亲政策。匈奴入寇，不过发兵防之而已。到武帝，才任用卫青、霍去病等，出兵征讨。先收河南之地，置朔方郡。后来又屡次出兵，渡过沙漠去攻击。匈奴自此遂弱，然而还未肯称臣。到宣帝时，匈奴内乱，五单于争立，其呼韩邪单于才入朝于汉。和呼韩邪争斗的郅支单于，逃到康居，为汉西域副校尉陈汤矫制发诸国兵所攻杀。时为公元前三十六年。前汉和匈奴的竞争，到此算告一段落。呼韩邪降汉后，其初对汉很恭顺。王莽时，因外交政策失宜，匈奴复叛。其时中国正值内乱，无人能去抵御，北边遂大受其害。后汉光武时，匈奴又内乱，分为南北。其南单于降汉，入居西河美稷。和帝时，大将军窦宪，出兵大破北匈奴于金微山。自此匈奴西走，辗转入于欧洲，为欧洲人种大迁移的引线。而南匈奴则成为晋时"五胡"之一。

历史上所用"西域"二字，其范围广狭，时有不同。其最初，则系指今天山南路。所谓"南北有大山；中央有河；东则接汉，阨以玉门、阳关，西则限以葱岭"也。汉时，分为小国三十六，其种有塞，有氐羌。大抵塞种多居国，氐羌多行国。从河西四郡开后，而汉与西域交通之孔道始开。其当南北两道的楼兰、车师，先给中国所征服。后来汉武帝又出兵，远征大宛，于是西域诸国，皆震恐愿臣。公元前六〇年，汉遂置西域都护，并护南北两道。后来又置戊己校尉，屯田车师。莽末，西域反叛。匈奴乘机威服北道。而莎车王贤，亦称霸南道。诸小国都叩玉门关，请遣子入侍，仰求中国保护。光武帝恐劳费中国，不许。明帝时，班超以三十六人，往使西域。因诸国之兵，定诸国之乱，到底克服西域，复属于汉。直至后汉末年才绝。

羌人的居地，遍于今陇、蜀、西康、青海之境，而其居河、湟之间的，最为强悍。汉武帝时，把它打破，置护羌校尉统领他。王莽时，以其地置西海郡。莽末，乘隙内侵。后汉时，屡次发兵讨破它。至和帝时，遂复置西海郡，并夹河开列屯田，以绝其患。此后降羌散居内地的，虽然复起为患，然而河、湟之域，则已入中国的版图了。

东胡，大约是古代的山戎。汉初居地，在满、蒙之间。自为匈奴所破，乃遁保乌桓、鲜卑二山。汉武帝招致乌桓，令处上谷，右北平、渔阳、辽西、辽东五郡塞外，助汉捍御匈奴。虽亦时有小寇，大体上总是臣服中国的。鲜卑居乌桓之北，后汉时，北匈奴西徙后，其地及余众均为鲜卑所有，因此其势大张。其大人檀石槐[①]，辖境之广，竟与匈奴盛时相仿佛。然檀石槐死后，缺乏统一的共主，声势复衰。乌桓的部落，亦颇有强盛的。后汉末年，都和袁绍相连结。袁氏败后，曹操大破之于柳城。自此乌桓之名，不复见于史，

---

① 檀石槐（公元137—公元181年），鲜卑部落首领。少时有勇有谋，被推举为部落首领。——编者注

而鲜卑至晋时，亦为"五胡"之一。

朝鲜是殷时箕子之后。其初封地难考，大约自燕开辽东西后，遂居今朝鲜境内。和中国以水为界。秦时，侵夺其地，国界在水以东。汉初复还旧境。其时燕人卫满走出塞，请居秦所侵水以东之地。朝鲜王许之。满遂发兵袭灭朝鲜。传子至孙右渠，以公元前一〇八年，为汉武帝所灭。以其地为四郡。其南之马韩、弁韩、辰韩，总称为三韩，亦都臣服于汉。朝鲜虽系箕子之后，然其人民则多系貊族。貊族尚有居辽东之北的。汉武帝时，其君南闾等来降，曾以其地置苍海郡，数年而罢。后汉时，今农安地方，有扶余国来通贡。大约就是南闾之族。扶余至西晋时，才为鲜卑慕容氏所灭。而其众在半岛内的，却建立高句丽、百济两国。扶余之东，又有肃慎，地在今松花江流域。这就是满族之祖。大约亦是燕开五郡时，逼逐到此的。后汉时称为挹娄。因为臣服扶余，和中国无大交涉。

南方一带，秦时所开的桂林、南海、象郡，秦亡时，龙川令赵佗据之自立，是为南越。而勾践之后无诸及摇，亦以率兵助诸侯灭秦故，汉初封无诸为闽越王，摇为东瓯王。武帝时，闽越和东瓯相攻击，武帝发兵灭闽越，徙东瓯于江、淮间，乘势遂灭南越。所谓西南夷，则当分为两派：夜郎、滇及邛都等，为今之倮㑩。椎结，耕田，有邑聚。其巂、昆明及徙、筰都、冉駹、白马等，则均系氐羌。武帝亦皆辟其地为郡县。

第七章　三国的鼎立

柳宗元说汉代"有叛国而无叛郡"，这是因为郡的区域太小了，其势不足以反抗中央。到后汉末年，把刺史改成州牧，所据的地方，大过现在的一省，其情形就大不相同了。

当曹操主持中央政府，把汉献帝迁到许都时，天下正是纷纷割据。举其最大的，便有：

袁绍	据幽、并、青、冀四州。
袁术	据寿春。
刘表	据荆州。
刘焉	据益州。
刘备	据徐州。
张鲁	据汉中。
马腾、韩遂	据凉州。
公孙度	据辽东。

当时还有个本无根据地的吕布，从长安逃向东方去，投奔刘

备。刘备收容了他。吕布却乘刘备与袁术兵争之时，袭其后方，而取徐州。刘备投奔曹操，操表备为豫州牧。和他合兵，攻杀吕布。袁术在寿春，站不住了，谋走河北，曹操使刘备邀击之于山阳，袁术兵败还走，未几而死。刘备和外戚董承密谋，推翻曹操，曹操又把他打败。

这时候，曹操的大敌，实在是袁绍。雄踞河北，其声势和实力，都在曹操之上。公元二〇〇年，袁、曹之兵，遇于官渡。相持许久，曹操毕竟把袁绍打败。袁绍因此惭愤而死。其子谭、尚，互相攻击，都为曹操所灭。公元二〇八年，操遂南征荆州。

这时候，在北方屡次失败的刘备，亦在荆州，依托刘表。而长江下游，则为孙权所据。孙权的父亲名坚，是汉朝的长沙太守。

刘备

当山东州郡起兵讨董卓时，孙坚也发兵北上。后来受袁术的指使，去攻刘表，为表军所射杀。其子孙策，依托袁术，长大之后，袁术把孙坚的部曲还他，他就渡江而南，把汉朝的扬州打定。孙策死后，传位于孙权。曹操的兵，还未到荆州，刘表已先死了。刘表的长子刘琦，因避后母之忌，出守江夏。其少子刘琮，以襄阳降操。刘备南走江陵。曹操发轻骑追之，一日一夜行三百里，及之于当阳长坂。刘备败走江夏。于是诸葛亮建策，求救于孙权。孙权手下，周瑜、鲁肃等也主张结合刘备，以拒曹操。于是孙、刘合兵，大破操兵于赤壁。曹操引兵北还，而南方之形势始强。

然而当时的刘备，还是并无根据之地。荆州地方，依当时的诸侯法，则当属于刘琦。而琦不能有，事实上，刘备和孙权，都屯兵其间。孙权一方面，身当前敌的周瑜，要"徙备置吴"，挟着关羽、张飞等去攻战。

孙权

刘备一方面，未始不想全吞荆州，而又不敢和孙权翻脸。于是先攻下荆州的南部，就是现在的湖南地方。不久，周瑜死了，继其任者为鲁肃。鲁肃是主张以欢好结刘备的。孙、刘两家的猜忌，暂时和缓。

当诸葛亮未出草庐时，刘备去访问他，他便主张兼取荆、益二州，以为图天下之本。这时候，荆州还未能完全到手，而且"荆土荒残，人物凋敝"，虽是用兵形胜之地，而实苦于饷源之无所出。于是益州天府之国，刘备就不能不生心了。公元二一四年，刘备乘刘璋的暗弱，取了益州。其明年，曹操亦平定汉中。公元二一八年，刘备攻汉中，又取之。一时形势，颇为顺利。当刘备西入益州时，孙权便想同他争荆州。结果，两家和解，把荆州平分。刘备既定汉中，命关羽出兵攻拔襄阳，又围樊城，败于禁等兵，威声大振。而孙权使吕蒙袭取江陵。关羽还走，为权所杀。吴、蜀因此失和。这时在公元二一九年。

其明年，曹操死了。子丕，废汉献帝自立，是为魏文帝。又明年，刘备称帝于蜀，是为蜀汉昭烈帝。公元二二九年，孙权亦称帝，自武昌迁都建业，是为吴大帝。

昭烈帝称帝之后，即自将伐吴。吴将陆逊大败之于猇亭。昭烈帝走至永安，惭愤而死。子后主禅立，诸葛亮辅政。诸葛亮是个绝世的奇才，内修政治，用法治的精神，把个益州治得事事妥帖。所以能以一州之地，先平南方之乱，次出师北伐，和中国相抗衡。诸葛亮死后，蒋琬、费祎继之，还能够蒙业而安。费祎死后，姜维继之，屡出兵伐魏，无甚成绩，而民心颇怨。后主昏愚，宠信宦官黄皓，政治亦渐坏，其势就难于支持了。

魏文帝貌似明白，而其实不免于猜忌轻率。当曹操为魏王时，文帝与其弟陈思王植，争为世子，嫌隙甚深。所以即位之后，薄待诸王。把他们限制国中，有同拘禁。文帝死后，子明帝立。性极奢侈，魏事益坏。时诸葛亮连年北伐，明帝尝使司马懿去拒敌他。又使懿讨平辽东。于是司马氏的权势，渐次养成。明帝死后，养子齐王芳立。司马懿和曹爽同受遗诏辅政。曹爽独揽大权。司马懿称疾不出。后来乘曹爽奉齐王去谒陵，司马懿突然而起，关闭城门。到底把曹爽废杀了，独揽大权。司马懿死后，子司马师继之。把齐王芳废掉，而立高贵乡公髦。司马师死后，其弟司马昭又继之。

这时候，司马氏篡魏之势已成。魏因抵御吴、蜀，东南、西北两方面，都驻有兵马。西北的兵，本来是司马懿所统。东南方面，则别是一系。于是王凌、毌丘俭、诸葛诞，三次起兵讨司马氏，都不克。公元二六三年，司马昭遣钟会、邓艾，两道伐蜀，灭之。公元二六五年，司马昭死，子炎立，就篡魏而自立了。

　　吴大帝在位颇久，然而其末年，政治已颇紊乱。大帝死后，废帝亮立。诸葛恪辅政，颇有意北图中原。一出无功，旋为孙峻所杀。孙峻死后，其弟孙綝继之。废废帝，立其弟景帝。景帝把孙綝杀掉。然亦无甚作为。景帝死后，太子皓立。荒淫无道。是时只靠一个陆抗，守着荆州，以抵御北方。陆抗死后，吴国的形势就大非。晋武帝命羊祜镇襄阳，王濬镇益州以图吴。羊祜死后，代以杜预。公元二八〇年，荆益之兵，两道并进，势如破竹，而吴遂灭亡。

空城计

第八章　晋的统一和内乱

从董卓进长安起，到晋武帝平吴止，共经过九十二年的战乱，真是渴望太平的时候了。当时致乱之源，由于州郡握兵。所以晋武帝既定天下，便命去州郡的兵，刺史专于督察，回复汉朝的样子。

然而这时候，致乱之源，乃别有所在。其一，两汉之世，归化中国的异族很多，都住在塞内。当时所谓"五胡"者，便是：

【匈奴】遍于并州境内，即今之山西省。

【羯】匈奴的别种，居于上党武乡羯室，因以为名。

【鲜卑】遍布辽东西和今热、察、绥之境。

【氐】本居武都。魏武帝徙之关中。这时候，遍于扶风、始平、京兆之境。

【羌】这是段颎诛夷之余。在冯翊、北地、新平、安定一带。

当时郭钦、江统等，都请徙之塞外。塞外的异族，固亦未尝不足为患，然而究竟有个隔限，和"掩不备之人，收散野之积"者不同，而武帝不能同。

其二，晋代鉴于魏朝的薄待宗室，以致为自己所篡，于是大封同姓。汉代的诸王，是不再干预政治的。晋朝则可以"入秉机衡，出作岳牧"，在政治上的势力尤大。

晋武帝平吴之后，耽于宴安，凡事都不作久长之计。其子惠帝，近于低能。即位之初，武帝后父杨骏辅政。惠帝后贾氏和楚王玮合谋，把杨骏杀掉。而使汝南王亮和太保卫瓘同听政。后来又和楚王合谋，把汝南王杀掉。后又杀掉楚王。旋弑杨太后。

太子遹①，非贾后所生，后亦废而杀之。总宿卫的赵王伦，因人心不服，勒兵弑后，废惠帝而自立。于是齐王冏、成都王颖、河间王颙，举兵讨乱。右卫将军王舆，把赵王杀掉，迎接惠帝复位。齐王入洛专政。河间王和长沙王乂合谋，使乂攻杀齐王。又和成都王合兵，把长沙王攻杀。

如此，京师大乱，而胜利卒归于外兵。州郡握兵，从汉以来，已成习惯。晋武帝虽有去州郡兵

晋武帝

---

① 遹（yù），即司马遹，字熙祖，小字沙门，晋武帝司马炎之孙，晋惠帝司马衷长子，西晋太子。——编者注

权之命，而人心尚未丕变。一旦天下有乱，旧路自然是易于重走的。于是东海王越合幽、并二州之兵，把成都河间两王都打败。遂弑惠帝，而立其弟怀帝。

同族相争，胜利又卒归于异族。"五胡"之中，本以匈奴为最强，其所处，又是腹心之地，亦最有民族自负之心。于是前赵刘渊，先自立于平阳。时东方大乱，许多盗贼，都去归附他。其势遂大盛。东方群盗之中，羯人石勒，尤为强悍。东海王自率大兵去打他。兵到现在的项城，死了。其兵为石勒追击所败，洛阳遂成坐困之势。

公元三一〇年，刘渊的族子刘曜，打破洛阳，怀帝被虏。公元三一二年，弑之。惠帝弟愍帝，立于长安。公元三一六年，又为刘曜所攻破，明年，被弑。而西晋亡。

于是琅琊王睿，从下邳徙治建康，即皇帝位，是为东晋元帝。这时候，北方只有幽州都督王浚，并州刺史刘琨，崎岖和胡羯相持，也终于不能自立。北方遂全入混乱的状态。

然而南方亦非遂太平无事。当时中央解纽，各地方都靠州郡的兵来保境安民，自然外权复重。新兴的建康政府，自然不易令行禁止。元帝的首务，便在收上流的实权。元帝的立国江东，是很靠江东的世家名士，所谓"人望"者，帮他的忙的。而王导和其从兄王敦，尤为出力。于是王导内典机要，王敦出督荆州。敦有才略，居然把荆州的权力，收归一人。然而中央就和王敦起了猜忌。其结果，王敦举兵东下。元帝所预先布置防他的兵，无一路不败，被王敦打入京城。元帝忧愤而崩。幸而王敦不久也死了。明帝才把他的党羽讨平。

明帝颇为英武，可惜在位只有三年。明帝死后，子成帝年幼，太后庾氏临朝。后兄庾亮执政。历阳内史苏峻和庾亮不平，举兵造反，打进京城。庾亮出奔。幸得镇寻阳的温峤，深明大义，协同荆州的陶侃，把他打平。

陶侃死后，庾亮和庾冰，相继出镇荆州。庾翼在内为宰相。这时候，内外之权，都在庾氏手里，暂无问题。康帝时，庾翼移镇襄阳，庾冰代之镇夏口。庾冰死后，庾翼又还镇夏口，而使其子方之镇襄阳。庾翼不久就死了。临终之际，表请以自己的儿子爰之继任。宰相何充不听，而以桓温代之。于是上流之权，又入于桓温之手。

第九章　边徼民族和汉族的同化

凡事总有相当的代价。两汉时代，异民族入居中国的多了，把许多种族和文化不同的人民，融合为一，自非旦夕间事，且总不免有若干的冲突。

晋时，北方割据之国，共有十六之多。然而其中有关大势的，也不过地处中原的几国。我们现在，简单些，把它分作五个时代。

（一）前、后赵对立时代。

（二）后赵独盛时代。

（三）前燕、前秦对立时代。

（四）前秦独盛时代。

（五）后燕、后秦对立时代。

第五个时代之后，汉族曾经恢复黄河之南，且曾一度占领关中，而惜乎其不能久。未几，北方遂全入于拓跋魏，变成南北两朝了。这是后话，现在且从前后赵对立时说起。

刘渊自立后，石勒表面上是他的臣子。可是东方的事，刘渊并顾不到。所以"五胡"扰乱之初，便径称为前、后赵对立时代。刘渊的儿子刘和懦弱，刘聪荒淫。族子刘曜，较有本领。刘聪被弑后，曜遂立国长安。公元三二九年之战，曜为石勒所擒，前赵就此灭亡。

石勒从子虎，淫暴无人理。在位时，虽西攻前凉，东攻前燕，兵力颇称强盛。然而死后，内乱即作。虎养子冉闵，本是汉人。尽杀虎诸子，而且大诛胡羯，自称皇帝。然而不久，便为前燕所攻杀。

前燕以辽东西和热河为根据，其势颇盛。然当其侵入中原之际，即其开始衰颓之时。其兵力，只到邺都附近。于是河南和关中，都成为空虚之地。氐酋苻健，西据关中，羌酋姚襄，则借降晋为名，阴图自立。晋朝这时候，中央和上流，仍相猜忌。时桓温灭前蜀，威名日盛。中央乃引用名士殷浩以敌之。公元三五三年，浩出兵北伐，以姚襄为先锋。反为其所邀击，大败。桓温因此奏请废浩。中央不得已，从之。温出兵击斩姚襄，而伐秦，伐燕都不利。于是先行废立之事以立威。意图篡位，为谢安、王坦之所持，不果。桓温死后，其兄弟桓冲把荆州让出，南方又算暂安。然已无暇北伐，而前秦遂独盛了。

前秦主苻坚，用王猛为相，修明政治，国富兵强。公元三七一年，灭前燕，又灭前凉，破拓跋氏。公元三八三年，大发兵伐晋。谢玄、谢石等大败之于淝水。苻坚知道当时北方，民族错杂，不能专任自己人的。所以对于归降各民族，表面上都一视同仁。把他的酋长，留在都城之中；而使氐人分镇四方，以实行其监视和驻防的政策。然而民族间的界限，终非旦夕所可破除。苻坚败后，诸族复纷纷自立。而后燕、后秦二国最大，仍回复到前燕、前秦对立的样子。

南方自桓温死后，上下流相持的形势，暂时缓和。而孝武帝委政于其弟琅琊王道子，旋又相猜忌，使王恭镇京口，殷仲堪镇江陵以防之。这时候，京口的北府兵强了，然而其实权都在刘牢之手里。仲堪亦不会带兵的，一切事都委任南郡相杨佺期。道子则嗜酒昏愚，事都决于其世子元显。孝武帝死后，子安帝立。王恭、殷仲堪连兵而反。元显使人游说刘牢之，倒戈袭杀王恭。而上流之兵已逼，刘牢之不肯再替他出力抵御。于是无可如何，以杨佺期为雍州刺史，桓玄为江州刺史。桓玄是桓温的小儿子。因为桓温在荆州久了，其僚属将士，都归向他。他虽闲住在荆州，其势力反出于现任官吏之上。所以殷仲堪不得不用他。这时候，既有地盘，殷仲堪、杨佺期自然非其敌手。先后为其所并。于是上流的权势，又集于桓玄一身。公元四〇二年，荆州大饥。元显乘机出兵，想把桓玄解决。然而所靠的不过一个刘牢之，而刘牢之又倒戈，元显就失败，和其父道子，都被杀。桓玄入建康。明年，竟废安帝而自立。

这时候，荆州之兵力，实已非北府之敌。所以桓玄得志之后，便夺去刘牢之的兵权。牢之谋反抗，不成，自杀。而北府兵的势力，实在并未消灭。公元四〇四年，北府兵中旧人，刘裕、刘毅、孟昶、何无忌、诸葛长民等起兵讨桓玄。桓玄的兵，到处皆败。逃至江陵，被杀。安帝复位。刘裕入中央政府，主持大权。于是积年以来，朝廷为荆州所挟持的形势一变。然而军人到底是要互相吞并的。于是相互间之问题，不在北府兵和荆州系，而在北府兵里同时并起的几个人。

这时候，后燕因为后魏所破，分为南北，形势已弱。后秦也因受夏国的攻击，日以不振。前四〇九年，刘裕出兵，把南燕灭掉。先是妖人孙恩，为乱于江、浙沿海，为刘裕所讨破。赴水死。其余党卢循、徐道复，于桓玄时据有广州和始兴。至是，乘机出湘、赣北伐。直下长江，兵势甚盛。何无忌为其所杀。刘毅亦为所败。刘裕撤兵还救，又把他打平。于是剪除异己者刘毅、诸葛长民和晋宗室司马休之等。

公元四一七年，大发兵灭后秦。此时正值后魏道武帝中衰之际，坐视而不能救。凉州诸国都惴惴待晋兵之至。而裕以急于图篡，南还，长安遂为夏所陷。裕登城北望，流涕而已。公元四一九年，裕受晋禅，是为宋武帝。后三年而卒。自刘裕南还后，不复能经略北方。而北魏自太武帝即位后，复强盛。北方诸国，尽为所并。天下遂分为南北朝。

十六国的事情，是很繁杂的。以上只提挈得一个大纲，现在补列一张简表于下，请诸位参看。

国名	民族	都邑	始末大略（参照正文，正文已有的不再赘述）
前赵（初称汉，刘曜改称赵），公元三〇四至公元三二九年。	匈奴	刘渊自立于左国城（今山西离石县东北），后迁平阳。刘曜居长安。	南匈奴呼厨泉单于，因先世系汉甥，改姓刘氏。曹操以呼厨泉部众强盛，留之于邺（今河南临漳），而分其部众为五。其中左部最强。晋时，刘渊为其部帅。乘八王之乱，还并州自立。刘渊子和，为其弟聪所弑。聪荒淫。传子粲，为其臣靳准所弑。石勒自襄国（今河北邢台），刘曜自长安，俱勒兵讨准。准奔刘曜，为曜所杀。曜自立于长安。曜为石勒所擒。子熙奔上邽（今陕西南郑），为石虎所追杀。前赵亡。
后赵，公元三一九至公元三五一年。	羯	石勒初居襄国，后徙邺。	石勒初为群盗，归降刘渊，然实非渊所能制。后尽并东方，仍称臣于前赵。刘曜时，勒始自立。勒子弘，为勒从孙虎所弑。虎诸子均为虎养子冉闵所杀。复姓，自称魏帝，为慕容儁所灭。时在公元三五一年。
前燕，公元三三七至公元三七〇年。	鲜卑	鲜卑慕容氏，本居棘城（今热河朝阳县），后迁于辽东。至慕容廆又迁居徒河的青山（在今辽宁锦县境）。又迁居大棘城（在今辽宁义县），慕容皝迁居龙城（今辽宁朝阳县），灭冉闵后，居邺。	慕容廆，本为西晋平州刺史。传子皝，始称燕王。皝传子儁，灭冉闵。是年，儁亦卒。子暐年幼，慕容恪辅政。恪死后，慕容评继之。时燕宗室慕容垂最有威名，评忌之。垂奔前秦。前燕遂衰。为前秦所灭。

前秦，公元三五一至公元三九四年。	氐	长安	苻洪，本略阳氐酋。初降刘曜，后降后赵。后赵徙之于东方。后赵亡后，洪居枋头城（在今河南濬县）。击擒赵将麻秋。旋为秋所鸩杀。子健，杀秋，西入关。健子生，为苻坚所弑（坚父名雄，也是苻洪的儿子）。淝水败后，坚奔五将山（在今陕西岐山），为后秦姚苌所擒杀。坚子丕，自立晋阳，为慕容永所败而死（慕容永，亦前燕同族。时自立于长子，即今山西长子县。后为后燕所灭。不在十六国之列）。坚族子登，又自立于南安（今甘肃平凉）。公元三九四年，为姚兴所杀。子崇，奔湟中，为西秦乞伏乾归所杀，前秦亡。
后秦，公元三九四至公元四一七年。	羌	长安	后秦本南安赤亭羌（在今甘肃陇西）。其酋姚弋仲，亦降后赵。迁于东方。后赵亡时，弋仲亦死。子襄南降晋。实怀二心，为桓温所败，奔关中，为前秦所杀。弟苌以众降秦，淝水败后，苌自立。传子兴，灭前秦。兴传子泓，为刘裕所灭。时在公元四一七年。
后燕，公元三八四至公元四〇九年。	鲜卑	慕容垂居中山（今河北定县）。子宝奔龙城。	慕容垂，淝水战后自立。传子宝。公元三九六年，魏人南伐，大败，奔龙城。被弑。少子盛，定乱自立。因刑罚严峻，又被弑。弟熙立。淫暴。公元四〇九年，为其将冯跋所篡。
南燕，公元三九八至公元四一〇年。	鲜卑	广固（今山东益都县西）	慕容德，是慕容皝的小儿子，魏人南伐时，脱离后燕自立。传子超，为刘裕所灭。
北燕，公元四〇九至公元四三六年。	汉族	龙城	冯跋篡后燕自立。传子宏，为后魏所灭。时在公元四三六年。

夏，公元四〇七至公元四三一年。	匈奴	统万（今陕西怀远）	匈奴铁弗氏，本居新兴。其酋长刘虎，和拓跋氏相攻。虎孙卫辰，引前秦兵灭拓跋氏，后魏道武帝强，卫辰为其所灭。子勃勃，奔后秦。姚兴使守北方。勃勃以公元四〇七年自立，改姓赫连，后取长安，勃勃死后，子昌立，为魏太武帝所破，奔上邽死。弟定，自立于平凉。公元四三一年，吐谷浑人执之送魏，夏亡。
西秦，公元三八四至公元四三一年。	鲜卑	乞伏国仁，居勇士川（在今甘肃金县）。乾归徙苑川（在今甘肃靖远）。	本陇西鲜卑，属前秦。淝水战后，其酋乞伏国仁自立，传弟乾归。降后秦，后复逃归。乾归传子炽磐，炽磐传子暮末，为赫连定所杀，时在公元四三一年。
成（李寿时改称汉。史家亦称为蜀），公元三〇四至公元三四七年。	氐	成都	本清江流域的廪君蛮，汉末，徙汉中，曹操平张鲁，迁于略阳。晋初，关中氐齐万年反。其酋长李特将流民入蜀，公元三〇六年，特子雄据成都，又并汉中，三传至特孙寿，荒淫。寿子势，公元三四七年，为桓温所灭。
前凉，公元三一七至公元三七六年。	汉族		张轨，晋凉州刺史。晋乱，遂保据凉州。轨及子寔，皆事晋，守臣节。寔传弟茂，刘曜来攻，始力屈称藩。六传至天锡，公元三七六年，为前秦所灭。
后凉，公元三八六至公元四〇三年。	氐		吕光，亦略阳氐人。符坚时，为龙骧将军。为坚平西域，兵还，值前秦分裂，遂自立。公元四〇三年，其子隆，降于后秦。
北凉，公元四〇七至公元四三九年。	匈奴	张掖	沮渠蒙逊，以公元三九七年叛后凉。初推太守段业为主，后杀之，自立。传子牧犍，公元四三九年，为后魏所灭。

西凉，公元四〇〇至公元四二一年。	汉族	初据敦煌，后迁酒泉。	李暠本段业所署沙州刺史。业死后，据敦煌自立，传子歆，公元四二一年，为北凉所灭。
南凉，公元三九七至公元四一四年。	鲜卑	本居乐郡（今甘肃碾伯），后徙姑臧。	姓秃发氏，与后魏同出。其酋秃发乌孤，以公元三九七年自立。传弟利鹿孤及傉檀，公元四一四年为西秦所灭。

第十章 南北朝的对峙

从公元三〇四年前赵自立起，到公元四三九年北凉灭亡止，共经过一百三十六年。扰乱中国的"五胡"，快多和汉族同化了。只有拓跋氏，其起最晚，其入中原也最后，所以又和汉族相持了一百四十年。

此时的南方，虽经宋武帝一度削平异己，然而纷争之际，外兵不能遽去，人心的积习未除。而宋武帝以后，为君主的，又没像武帝一般强有力的人物。所以仍是内外相持，坐视北方有机会而不能乘，甚至反给北方以机会。恢复中原，遂尔终成虚语。

当刘宋开国之时，南朝的疆域还包括今山东、河南之境。宋武帝死后，魏人乘丧南伐。取青、兖、司、豫四州。其时正值徐羡之、傅亮、谢晦等废少帝而立文帝。文帝立后，和檀道济合谋，讨除羡之等。后又并杀道济。忙于内乱，无暇对外。而自檀道济死后，功臣宿将亦垂尽。于是公元四三〇、公元四五〇年两次北伐都失败。魏太武帝反自将南伐，至于瓜步。所过郡邑，赤地无余。南北朝时，北强南弱的情势，实始于此。

宋文帝后，孝武帝和明帝都猜忌宗室，大加屠戮。明帝嗣子幼弱，召镇淮阴的萧道成入卫，朝权遂为所窃。内而中书令袁粲，外而荆州都督沈攸之，起兵讨他，都不克。公元四七九年，道成篡宋自立，是为齐高帝。齐高帝和子武帝，在位都不久。武帝子郁林王荒淫，为高帝兄子明帝所篡。明帝亦猜忌，尽杀高、武二帝子孙。传子东昏侯，荒淫更甚于郁林王，而好杀亦同于明帝。公元五〇二年，而齐为梁武帝所篡。梁武帝总算是个文武全才。虽其晚年迷信佛法，刑政废弛，致酿成侯景之乱，然而其早年，政治总算是清明的。于是南方暂见康宁，而北方又起扰乱。

北魏当太武帝时，南侵宋，北伐柔然、高车，国势最盛。孝文帝以公元四九三年迁都洛阳，大革旧俗。这在鲜卑人，要算一个进化而和汉族同化的好机会。然而国势反自此衰颓。一因鲜卑一时不能学得汉族的好处，而反流于奢侈。二则魏都平城，本靠武力立国，于其附近设置六镇。简拔亲贤，为其统帅。而将士选拔，亦极优异。南迁以后，不能如旧。六镇旧人，因此愤怒逃亡。魏人又恐兵力衰颓，加以制止。于是尽皆怨叛。倚以立国的武力，反做了扰乱秩序的东西。不戢[1]自焚，后魏就不能支持了。

公元四七四年，后魏孝明帝立，太后胡氏执政。侈无度。府库累世之积，不数年而扫地无余。于是苛政大兴。中原之民，亦

---

[1] 戢（jí），止，停止。——编者注

群起为乱。明帝年渐长，不直其母所为。而为其所制，无可如何。这时候，北方有个部落酋长，唤作尔朱荣，起兵讨平六镇之乱。明帝遂召他入清君侧。后又传诏止住他。太后大惧。把明帝杀掉。尔朱荣借此为名，举兵入洛，杀掉胡太后，而立孝庄帝，自居晋阳，遥制朝权。

尔朱荣极善用兵。中原反乱的人，都给他打平。篡谋日急。孝庄帝诱他入朝，把他杀掉。尔朱荣的侄儿子兆，举兵弑帝。自此朝权仍为尔朱氏所握，而各方镇，也都是尔朱氏的人，其势如日中天。然而尔朱氏暴虐不得人心。公元五三二年，高欢起兵信都。韩陵一战，尔朱氏心力不齐，大败。遂为高欢所扑灭。高欢所立的孝武帝，又和高欢不睦。高欢仍袭尔朱氏的故智，身居晋阳，孝武帝阴结贺拔岳图他。以岳为关中大行台。高欢使秦州刺史侯莫陈悦，把贺拔岳杀掉。夏州刺史宇文泰起兵诛悦，孝武帝即以泰继岳之任。

公元五三四年，孝武帝发兵讨高欢。高欢亦自晋阳发兵南下。两军夹河而陈。孝武帝不敢战，逃到关中。旋为宇文泰所弑。自此高欢、宇文泰，各立一君，而魏遂分为东西。

东西魏分裂后，高欢、宇文泰争战十余年，各不得逞，而其祸乃中于梁。这时候，梁武帝在位岁久，政治废弛。诸子诸孙，各刺大郡，都有据地自雄之心。而兵力亦不足用。南朝当宋明帝时，尽失徐、兖、青、冀四州及淮北之地。齐明帝时，又失沔北五郡。东昏侯时，又失淮南。梁武帝时，虽恢复合肥、寿春，而又失义阳三关。用兵迄不得利。北方乱时，梁遣陈庆之送魏宗室北海王颢归国。庆之兵锋甚锐，直抵洛阳。然而孤军无援，元颢仍为尔朱荣所破。

公元五四七年，高欢死。其专制河南之将侯景，举地来降。梁武帝遣子渊明前往救援，不克。渊明为魏所虏。侯景亦兵溃来奔。袭寿阳而据之。梁人不能制。五四九年，侯景反。渡江，围台城。救兵虽多，都心力不齐，不能进。台城遂为所陷。梁武帝忧愤而崩。子简文帝立，为侯景所制。这时候，梁武帝的子孙，如湘东王绎、河东王誉、岳阳王詧等，都拥兵相争，坐视台城之危而不救。而其形势，以湘东王为最强。侯景西上，至巴陵，为湘东王将王僧辩所败。勇将多死。遂弑简文帝而自立。湘东王乃即位于江陵，是为元帝。遣王僧辩和陈霸先讨平侯景。而成都的武陵王纪称帝，攻元帝。元帝求救于西魏。西魏袭陷成都。纪遂兵败而死。元帝和西魏，又有违言。

公元五五四年，西魏兵攻江陵。王僧辩、陈霸先的兵，都在东方，不及救援。江陵遂陷。元帝为魏兵所杀。西魏立岳阳王詧于江陵，使之称帝，而对魏则称臣，是为西梁。王僧辩、陈霸先立元帝的少子于建康，是为敬帝。是时，东魏已为北齐所篡。又发兵送渊明南归。王僧辩迎战，不胜。就迎接他来，废敬帝而立之。南朝险些儿全做北朝的附庸。幸而陈霸先袭杀王僧辩，复立敬帝。北齐举兵来攻，给他苦战打败。南朝才算勉强自立。

公元五五七年，陈霸先废敬帝自立，是为陈武帝。三年而崩。兄子文帝立。这时候，南方承丧乱之后，国力凋敝。国内尚有许多反侧的人，要一一讨定。再也无暇顾及北方。而北方的东西魏，亦先后于公元五五〇、公元五五七年，为齐、周所篡。

北齐文宣、武成二帝，均极荒淫。末主纬，奢纵更甚。而北周武帝，颇能励精图治。公元五七七年，齐遂为周所灭。灭齐的明年，周武帝死，子宣帝立。亦极荒淫。在位二年，传位于子静帝。宣帝死后，后父杨坚辅政。大权尽入其手。起兵攻他的都不胜，公元五八一年，坚废静帝自立。是为隋文帝。时南方为陈后主叔宝，亦极荒淫，公元五八八年，为隋所灭。西梁已于前两年被废。自晋元帝立国江东至此，凡二百七十三年，而天下复归于统一。

第十一章　隋之统一与政治

从南北朝至隋，可以算我国历史上一个由乱入治之世。但是其为治不久。

论起隋文帝的为人来，也可以算一个英明的君主。他的勤于政治，和其持身的节俭，尤其是数一数二。所以承南北朝丧乱之后，取民未尝有所增加，对于杂税等，反还有所减免。而其时府库极为充实。重要的去处，仓储亦极丰盈。其国富，古今少可比拟的。

隋文帝

但是隋文帝有个毛病，便是他的性质，失之于严酷和猜忌。所以他的对付臣下，是要运用手腕的。而其驭民，则偏于任法。

因此其所任用的人，如杨素、苏威等，非才智之士，则苟免之徒，并无立朝侃侃，与国同休戚的。而人民也没有感恩的观念。他又偏信皇后独孤氏，废太子勇而立炀帝。荒淫暴虐，兼而有之。而隋遂不免于二世而亡，与嬴秦同其运命了。

南北朝以后，荒淫暴虐的君主颇多。其性质，有近乎文的，如南朝的陈后主是。亦有近乎武的，则如北朝的齐文宣是。这大约和当时异族的得势，不无关系，而南朝的君主，多出身微贱，也是其中的一个原因。当隋及初唐之世，此等风气还未尽除。如隋炀帝，便是属于前一种的。如唐太宗的太子承乾，则是属于后一种的。

炀帝即位之后，即以洛阳为东都。他先开通济渠，引穀、洛二水，通于黄河，又自河入汴，自汴入淮，以接淮南的邗沟。又开江南河，从京口到余杭，长八百里。他坐了龙舟，往来于洛阳、江都之间。又开永济渠，引沁水，南达黄河，北通涿郡。又开驰道①，从大行到并州，由榆林以达于蓟。开运河，治驰道，看似便利交通之事。然而其动机非以利民，而由于纵欲，而其工程，又非由顾募，而出于役使。如此，人民就未蒙其利，而先受其害了。

当南北朝末年，突厥强盛。周、秦二国，恐其为敌人之援，都和他结婚姻，而且还厚加赠遗，以买其欢心。然而突厥益骄，边患仍不能绝。隋文帝劳师动众，又运用外交手腕，才把它克服下来。突厥的启民可汗，算是称臣于隋。又从慕容氏侵入中原之后，

---

① 驰道，古代供君王行驶车马的道路，泛指供车马驰行的大道。——编者注

辽东空虚，为高句丽所据。至隋时不能恢复。这确是中国的一个大损失。为炀帝计。对于突厥，仍应当恩威并用，防其叛乱之萌。对于高句丽，则应先充实国力，军事上也要有缜密的计划，方可谋恢复国土。至于西域诸胡，则本和中国无大关系。他们大抵为通商而来。在两利的条件下，不失怀柔远人之意就好了。而炀帝动于侈心。任用裴矩，招致西域诸胡。沿途盛行供帐。甚至有意使人在路旁设了饮食之肆，邀请胡人饮食，不取其钱，说中国物力丰富，向来如此的。胡人中愚笨的，都惊叹，以为中国真是天上。其狡黠的，见中国也有穷人，便指问店主人道：你这白吃的饮食，为什么不请请他们？店中人无以为答。如此，花了许多钱，反给人家笑话。他又引诱西突厥，叫他献地数千里。设立西海、河源、鄯善、且末四郡。谪罪人以戍之。这些都是荒凉之地，要内地转输物品去供给它。于是西方先困。他又发大兵去征伐高句丽。第一次在公元六一一年，大败于萨水。公元六一三、公元六一四年，又两次兴兵，高句丽仅貌为请降。而这三次，征兵运饷，却骚动天下。当他全盛时，曾巡行北方。幸突厥始毕可汗衙帐，始毕可汗极其恭顺。

隋炀帝

到公元六一五年再往，始毕可汗便瞧他不起。把他围在雁门。靠内地的救兵来了，才算解围。明年，炀帝又坐着龙船到江都。这时候，天下已乱，他遂无心北归。后来又想移都江南，而从行的都是关中人，心上很不愿意。宇文化及等乘机煽惑。炀帝遂于公元六一八年为化及等所弑。

隋末，首起创乱的，是杨素的儿子玄感。炀帝再征高句丽时，他在黎阳督运，就举兵造反。当时李密劝他直遏炀帝的归路，次之则先取关中，以立自己的根基。玄感都不能听，而顿兵于东都之下，遂至失败。后来群盗蜂起，李密和河南的强盗翟让合伙。旋把他杀掉，自成一军。据兴洛、回洛诸仓，招致饥民，至者数十万，声势很盛。在河北，则群盗之中，窦建德最有雄略。而隋炀帝所遣的将王世充，则据东都，和李密相持。唐高祖李渊，本是隋朝的太原留守。以其次子世民——即后来的唐太宗——的计策，于公元六一七年，起兵先取长安，次平河西、陇右，刘武周据马邑，以宋金刚为将，南陷并州，亦给唐兵打败。李密为王世充所败，降唐，旋又借招抚为名，出关想图再举，为唐人伏兵所杀。秦王世民攻王世充，窦建德来救，世民留兵围城，引兵迎击于虎牢，大破之。擒建德，世充亦降。建德将刘黑闼，两次反叛，亦给唐兵打平。长江中流，梁朝之后萧铣，称帝于江陵，地盘颇大。唐朝亦派兵把他灭掉。其下流：陈稜、李子通、沈法兴等，纷纷割据。后皆并于杜伏威。而伏威降唐。割据北边的：有高开道、苑君璋、梁师都等。大都靠突厥为声援。然天下定后，突厥亦不能拥护他。遂次第为唐所平定。这时候，已在太宗的初年了。

第十二章 唐的开国及其盛世

汉与唐，同称中国的盛世，汉之治称文、景，唐之治，则称贞观与开元。

唐高祖的得国，本是靠秦王世民之力。太子建成和齐王元吉忌他，彼此结党互争。而高祖晚年，颇惑于嬖妾近习[1]。这竞争倘[2]使扩大了，也许可以演成干戈，人民重受其祸。幸而唐高祖封世民于东方之说，未曾实行。玄武门之变，解决迅速，建成、元吉都为世民所杀。高祖亦传位于太宗。于是历史上遂见到所谓贞观之治。

太宗是三代下令主。他长于用兵，又勤于听政，明于知人，

---

[1] 嬖（bì）妾，犹爱妾。《南史·臧质传》："质顿兵不肯时发，又顾恋嬖妾，弃军营垒，单马还城。"近习，指君主宠爱亲信的人。——编者注

[2] 倘，同"倘"。——编者注

勇于从谏。在位时，任房玄龄、杜如晦为相，魏征为谏官，都是著名的贤臣。所以其武功、文治，都有可观。

太宗死后，高宗即位，初年任用旧臣，遵守太宗治法，所以永徽之治，史称其媲美贞观。中年后，宠信武才人，废王皇后，立为皇后。国戚旧臣，如长孙无忌、褚遂良等，都遭贬斥。高宗因苦风眩，委政武后，后遂为其所制，唐朝的衰颓，就自此开始了。高宗死后，武后废中宗而立豫王旦——就是后来的睿宗——公元六九○年，又把他废掉，自称则天皇帝。改国号为周。中宗初废时，幽禁于房陵。后来因狄仁杰的谏劝，才还之于洛阳，代睿宗为皇嗣。公元七○五年，宰相张柬之等，乘武后病卧，阴结宿卫将士，迎接中宗复位。

武后以一女主，而易姓革命，这是旷古未有之事，自然要疑心人家暗算她。于是：

（一）大杀唐宗室，又大开告密之门，任用酷吏周兴、来俊臣、索元礼等，用严刑峻法，以劫制天下。

（二）一方面又滥施爵禄，以收拾人心。虽然其用人颇有不测的恩威，进用速而黜退亦速，然而幸进之门既开，仕途遂不免于淆杂。

唐太宗

（三）武后虽有过人之才，然而并无意于为治，所用多属佞媚之臣。其嬖宠，如薛怀义、张昌宗、张易之等，无不骄奢淫逸。武后亦造明堂，作天枢，所费无艺，民不堪命。

（四）一面骄奢淫逸，一面又要尽心防制国内，自然无暇对外。于是突厥、契丹蹂躏河北。发数十万大兵而不能御。吐蕃强盛，西边也时告紧急。

这都是武后革命，及于政治上的恶影响。中宗是身受武后幽废的，论理当一反其所为，而将武后时之恶势力，铲除净尽。而以武后之才，把持天下二十余年，亦终于失败，则即有野心的人，亦当引以为鉴。

然而天下事，每有出于情理之外的。中宗复位之后，即唯皇后韦氏之言是听，任其妄作妄为，不加禁止。而韦后，亦忘却自己是和中宗同受武后幽禁，几遭不测的，反与上官婕妤俱通于武后之侄武三思。于是武氏的势力复盛。张柬之等反都遭贬谪而死，韦后、上官婕妤、韦后的女儿安乐公主等，都骄奢淫逸，卖官鬻爵。政治的浊乱，更甚武后之时。

公元七一〇年，中宗竟为韦后所弑。玄宗起兵定乱。奉其父睿宗为皇帝。睿宗立玄宗为太子。时韦后及安乐公主已死，唯武后女太平公主仍在。公主当武后时，即多与密谋，后来中宗复辟，及玄宗讨韦后之乱，又皆参与其事。属尊而势力大，在朝的人，都有些怕她，附和她的亦很多。公主惮玄宗英明，竭力谋危储位，睿宗又不能英断。其时情势甚险。幸而玄宗亦有辅翼的人，到底把她除去。而睿宗亦遂传位于玄宗。这是公元七一二年的事。

当睿宗在位时，贵戚大臣的奢侈，二氏营造的兴盛，还是同武、韦时一样。而从中宗时，韦后和上官婕好、太平、安乐公主等，都可以斜封墨敕授官。仕途的混杂，尤其不可思议。直到玄宗即位，任姚崇为宰相，才把它铲除掉。玄宗初相姚崇，后相宗璟。崇有救时之才，璟则品性方刚，凡事持正。

宗璟之后，又相张九龄，亦是以风骨著闻的。武韦以后的弊政，到此大都铲除。自高宗中叶以后，失坠的国威，到此也算再振。从贞观到开元，虽然中经武韦之乱，然而又有开元的中兴，总算是唐之盛世。自天宝以后，则又另是一番局面了。

第十三章　隋唐的武功

隋、唐两代的武功，是互相继续的。隋朝的武功，虽不如唐朝之盛，然而是唐朝开拓的先声。其规模，较汉代尤为广远。这也是世运进步，交通日益发达的缘故。

中国历代的大敌是北狄。隋、唐时代，自然也是如此。后汉时，匈奴败亡，鲜卑继续据其地。两晋时，鲜卑纷纷侵入中国，于是丁令入居漠北。丁令便是今日的回族。异译称敕勒，亦作铁勒，中国人称为高车。当拓跋魏在塞外时，今热、察、绥境诸部落，殆悉为所并。只有热河境内的奚、契丹，未全随之入中国。又有一个部落，称为柔然的，则始终与之为敌。从魏孝文迁都以前，北魏根本之地，实在平城。所以其防御北族，较侵略中国，更为重要。太武帝之世，曾屡出兵击破柔然。柔然败后，逃至漠北，收服铁勒之众，其势复盛。太武帝又出兵征讨，把它打败。这时候，铁勒之众，降者甚多。太武帝都把他们迁徙到漠南。柔然遂不能与魏抗。这是公元四百二三十年间的事。东西魏分立后，柔然复强。然其势不能久。至公元五五二年，遂为突厥所破。突厥也是回族，兴于金山的。既破柔然之后，又西破哦哒，尽服西域诸国。其最西的可萨部，直抵亚洲西界，与罗马为邻，东方则尽服漠南北诸族。其疆域之广，远过汉时的匈奴。

然而突厥声势虽盛，其组织却不甚坚凝。各小可汗的势力，都和大可汗相仿佛。隋文帝于是运用外交手腕，先构其西方的达头可汗，和其大可汗沙钵略构兵。突厥由是分为东西。后又诱其东方的突利可汗，妻以宗女。其大可汗都蓝怒，攻突利。突利逃到中国。隋处之于夏、胜二州之间，赐号曰启民可汗。都蓝死后，启民因隋援，尽有其众。于是突厥一时臣服于隋。隋末大乱，华人多往依突厥。突厥复盛。控弦之士至百万。北边的群雄，无不称臣奉贡。便唐高祖初起时，也是如此。天下定后，还很敷衍他。而突厥贪得无厌，仍岁侵边，甚至一岁三四入。太宗仍运用外交手腕，离间其突利可汗。而是时突厥的大可汗颉利政衰，北边诸部多叛。又连遭荒歉。公元六三〇年，颉利遂为太宗所擒。突厥或走西域，或降薛延陀，而来降的尚十余万。太宗初用温彦博之言，处之河南。后来又徙之河北。这时候，薛延陀继据漠北。公元六四四年，又为太宗所灭。回纥继居其地。率先铁勒诸部，尊中国的天子为天可汗。突厥的遗众，也曾屡次反叛，然都不成大患。到公元六八二年，骨咄禄[①]自称可汗，

---

① 骨咄禄，即阿史那·骨笃禄（？～691年），唐朝时期后突厥汗国可汗。——编者注

中国就不能平定。骨咄禄死后，弟默啜继之。尽复颉利以前旧地，大举入攻河北，破州县数十。武后兴大兵数十万御之而不胜。直到公元七四四年，玄宗才乘其内乱，出兵直抵其庭，把它灭掉。至于西突厥，则是公元六五七年，高宗乘内乱，把它灭掉的。西突厥在当时，本是亚洲西方唯一的大国。西突厥灭亡后，诸国皆震恐来朝，中国所设的都督府州，遂西至波斯。

葱岭以东，汉时十六国之地，后来互相吞并，其兴亡不尽可考。唐时，高昌、焉耆、龟兹、于阗、疏勒较大，太宗于高昌、焉耆、龟兹三国，都用过兵。其余小国，则皆不烦兵力而服。

青海本羌地。晋时，为鲜卑吐谷浑所据。至后藏，则为今藏族兴起之地。其族之北据于阗，臣服葱岭以西，和波斯兵争的为哒，为突厥所灭。而印度阿利安人，又有一支入藏，居于雅鲁藏布江流域，是为吐蕃王室之祖。吐蕃至唐时始强。太宗时，因求尚主不得，入寇松州。太宗遣将击破之。然仍妻以宗女文成公主。公主好佛，是为吐蕃人受佛教感化之始。至今还尊为圣母。弃宗弄赞尚主后，对中国极其恭顺。死后，其大臣钦陵、赞婆等专国，才猖起夏来。东灭吐谷浑，西破西域四镇。高宗、武后时，与之战争，屡次失败。武后时，王孝杰恢复四镇之地，吐蕃对西域一方面，稍受牵制，而中宗时，又畀以河西九曲之地。由是河洮之间，受祸尤烈。直到玄宗时，才把它恢复过来。

印度和中国，虽久有宗教和商业上的关系，至于国交上的关系，则很少的。唐时，有个和尚，法名唤作玄奘，即是后来被尊为三藏法师的，因求法至印度。这时候，印度乌苌国的尸罗逸多二世在位。遣使入贡。太宗又遣王玄策报使。玄策至其国，适值尸罗逸多薨逝，其臣阿罗那顺篡立。发兵拒击玄策。玄策走吐蕃西鄙，发吐蕃、泥婆罗两国的兵，把他打败，擒阿罗那顺送阙下。这要算中国对西南，兵威所至最远的一次了。

东北一带，雄踞辽东的是高句丽。在今热河境内的是奚、契丹。在松花江流域的，则是靺鞨，中国对东北，国威的涨缩，要看辽东西的充实与否。自汉至晋初，辽东西比较充实。所以高句丽等不能跋扈。慕容氏侵入中国后，辽东空虚，遂至为其所据。辽西亦受侵略。热河境内的契丹且不能免，吉林境内的靺鞨，其折而入之，自更不必说了。隋朝东征的失败，固由炀帝不善用兵，亦由东北空虚，军行数千里，大敌不能猝克，而中国又不能顿兵与之久持的缘故。唐太宗亦蹈其覆辙。公元六四四年之役，自将而往，未能大克，而损失颇巨。直到高宗时，因其内乱，才于公元六六三、公元六六八两年，先后把百济和高句丽灭掉。于是分其地置都督府州，而设安东都护府于平壤以统之。中国的疆域，才恢复两汉时代之旧。然新罗人既阴嗾丽、济余众叛唐，而因之以略唐地。而武后时，契丹反叛，因此牵动了入居营州境内的靺鞨。其酋长大祚荣，逃至吉林境内。武后遣兵追击，不胜。大氏遂自立为国。尽并今吉、黑两省，及俄领阿穆尔、东海滨省，暨朝鲜半岛北部之地。是为渤海。于是安东都护，内徙辽东，唐朝对东北的威灵，就失坠了。但是新罗、渤海，对中国都尚恭顺。其文化，也都是模仿中国的。而日本，亦于是时，年年遣使通唐，其一切制度，亦皆学自中国。中国对东北的政治势力，虽不十分充分，其声教所及，则不可谓之不远了。

第十四章 隋唐的学术和文艺

隋、唐承南北朝之后，在思想界，佛学的发达，可谓臻于极盛。而儒家的辟佛，亦起于此时。首创其说者为韩愈。宋人辟佛的，颇乐道其说。经学：自魏、晋以后，两汉专门的授受，渐次失传，于是有义疏①之学。在南北朝时，颇为发达。然其说甚繁杂，于是又有官纂的动机，其事至唐代而告成。便是太宗敕修，至高宗时再加订定而颁行的《五经正义》。唐人经学本不盛，治经的大多数是为应明经举起见。既有官颁之本，其他遂置诸不问了，于是义疏之学亦衰。唯啖助、赵匡的治《春秋》，于《三传》都不相信，而自以其意求之于经文，则实为宋人经学的先声。

---

① 义疏，疏解经义的书，其名源于六朝佛家解释佛典，后泛指补充和解释旧注的疏证。如南朝梁皇侃的《论语义疏》、清郝懿行的《尔雅义疏》等。——编者注

自汉以后，作史的最重表志纪传和编年两体。而表志纪传一体，尤为侧重。又新朝对于旧朝，往往搜集其史料，勒成一书，亦若成为通例。唐朝自亦不能外此。唯前此作史的，大抵是私家之业，即或奉诏编撰，亦必其人是素来有志于此，或从事于此的。唐时所修晋、宋、齐、梁、陈、魏、周、齐之史，都系合众撰成。自此以后，"集众纂修"，遂沿为成例。旧时论史学的，都说众纂之书，不如独撰。在精神方面，固然如此，然后世史料日繁，搜集编排，都非私人之力所及，亦是不得不然的。又众纂之书，亦自有其好处。因为从前的正史，包蕴宏富，一人于各种学问，不能兼通，非合众力不可。《晋书》的纪传，虽无足观，而其志则甚为史学家所称许，即其明证。唐代的史学，还有可特别记述的。其一，专讲典章经制的，前此没有，至唐而有杜佑的《通典》。其二，前此注意于史法的很少，至唐而有刘知几的《史通》。

与其说隋、唐是学术思想发达的时代，不如说隋、唐是文艺发达的时代。散文和韵文，在其时都有很大的变化。从齐梁以后，文字日趋于绮靡，以致不能达意。在此种情势之下，欲谋改革，有三条路可走：其一，是废弃文言，专用白话。唐代禅家的语录，以及民间通行的通俗小说，就是从此路进行的。此法在从前尚文之世，不免嫌其鄙陋。而且同旧日的文章，骤然相隔太远，其势亦觉不便。所以不能专行。其二，则以古文之不浮靡者为法。如后周时代，诏令奏议，都模拟三代是。此法专模仿古人的形式，实亦不能达意，而优孟衣冠，更觉可笑。所以亦不可行。第三条路，则是用古人作文的义法，来运用今人的语言。如此，既不病其鄙陋，而又便于达意。文学的改革，到此就可算成功了。唐时，韩愈、柳宗元等人所走的，就是这一条路。此项运动，可说起于南北朝的末年，经过隋代，至唐而告成功的。此项新文体虽兴，但旧时通行的文体，仍不能废。中国文字，自此就显分骈散两途了。后人以此等文体，与魏晋以来对举，则谓之散文。做这一派文字的人，自谓取法于古，则又自称为古文。

韵文之体，总是随音乐而变化的。汉代的乐府，从东晋以后，音节又渐渐失传了。隋唐音乐，分为三种：一为雅乐，就是所谓古乐。仅用之于朝庙典礼。一为清乐，就是汉代的乐府，和长江流域的歌词，存于南朝的，隋平陈之后，立清商署以总之。其中在唐代仍可歌唱的，只有绝句。只有外国输入的燕乐，流行极盛。依其调而制作，则为词，遂于韵文中别辟新体。但是唐代最发达的，不是词而是诗。诗是汉朝以来，久已成为吟诵之物。大抵韵文的起源，必由于口中自然的歌调——歌谣。而其体制的恢廓，辞藻的富丽，则必待文人为之，而后能发挥尽致。在唐代，正是这个时候了。其时除五言古诗，沿袭前人体制外，自汉以来的乐府，则又变化而成歌行。自齐、梁以来，渐渐发生的律体，亦至此而告大成。这是体制的变化，其内容：则前此的诗，都是注重于比兴。唐人则兼长叙事。其中最有力的人物，就是杜甫。他所作的诗，能把当时政治上的事实和社会上的情形，一一写出，所以后人称为诗史。其后韩愈、元稹、白居易等，也是很长于叙事的。唐诗，旧说有初、盛、中、晚之分，虽没有截然的区别，也可代表其变化的大概。大抵初唐浑融，盛唐博大，中唐清俊，晚唐稍流于纤巧，然亦是各有特色的。宋朝人的诗，非不清新，然而比之唐人，就觉其伧父气了。

　　书法，唐人擅长的也很多。大抵承两晋、南北朝之流，而在画学上，则唐代颇有新开创。古代绘画，最重人物。别的东西，都不过人物的布景。后来分歧发达，才各自成为一科。而山水科，尤为画家才力所萃。唐时王维和李思训，号称南北两派之祖。南派神韵高超，北派勾勒深显。宋元明清的画家，都不能出其范围。其擅长人物的，如吴道子等，亦盛为后世所推重。又有杨惠之，善于塑像。最近，在江苏吴县、昆山间的甪直镇，曾发现其作品。现已由当地郑重保存了。

第十五章 唐中叶以后的政局

军人跋扈，是紊乱政治的根本，而亦是引起外患的原因。唐中叶后，却内外俱坐此弊。

其原因，起于武力的偏重。唐自府兵制坏，而玄宗置十节度、经略使以备边。于是边兵重而内地的守备空虚，遂成尾大不掉之势。其时，东北和西北两边，兵力尤重。而安禄山又以一胡人而兼范阳、平卢两镇，遂有潜谋不轨之心。玄宗在位岁久，倦于政事。初用李林甫为相，任其蔽聪塞明。继又因宠杨贵妃之故，而用杨国忠。国忠是和禄山不合的，又以事激之使反。

公元七五五年，禄山遂反于范阳。禄山既反，不一月而河北皆陷。进陷河南，遂入潼关。玄宗奔蜀。至马嵬，兵变，迫玄宗杀贵妃和国忠。而父老都请留太子讨贼。玄宗许之。太子即位于灵武，是为肃宗。禄山本一军人，并无大略。其部下尤多粗才。既入长安，日唯置酒高会，贪求子女玉帛，更无进取之意。所以玄宗得以从容入蜀，而肃宗西北行，亦无追迫之患。禄山旋又为其子庆绪所杀，贼将多不听命令，其势益衰。于是朔方节度使郭子仪，以兵至行在。先出兵平河东，次借用回纥和西域的兵，收复两京。遂合九节度的兵，围安庆绪于邺。其时官军不置统帅，号令不一，军心懈怠。而贼将史思明，既降复叛。自范阳发兵南下。官军大败。思明杀安庆绪，复陷东京。旋进陷河阳、怀州。唐命李光弼统兵，与之相持。思明旋亦为其子朝义所杀。

公元七六二年，肃宗崩，代宗立。朝义诱回纥入寇。代宗命蕃将仆固怀恩，往见其可汗，与之约和。即借其兵以讨朝义。才算把他打平。然而唐室自此就不能复振了。其原因：

（一）回纥自此大为骄横。又吐蕃乘隙，尽陷河西、陇右。自玄宗时，南诏并六诏为一，后亦叛中国，与吐蕃合。边患日棘。

（二）史朝义败亡时，仆固怀恩实为大将。怀恩意欲养寇自重，贼将投降的，都不肯彻底解决，而就授以官。于是昭义、成德、天雄、卢龙、平卢诸镇，各据土地，擅赋税，拥兵自固。唐朝一方面，亦藩镇遍于内地，跋扈不听命令的很多，甚至有与安、史遗孽互相影响的。

然而根本的大患，还不在此。从来遭直艰难之会，最紧要的是中枢。中枢果能振作，不论如何难局，总可设法收拾的。而唐自中叶以后，其君又溺于宦侍。肃宗既信任李辅国、代宗又信任程元振。遂至吐蕃的兵，打入京城。代宗逃到陕州。洮西的神策军，自安史之乱后，驻扎于此。吐蕃兵退后，宦官鱼朝恩，即以这一支兵，护卫代宗回京城。于是神策军渐与禁军齿，变成天子的亲兵了。

代宗死后，德宗继立。颇思振作。其时昭义已为天雄所并，卢龙对朝廷亦恭顺，而成德、天雄、平卢，联兵拒命，山南东道亦叛。德宗命神策及河东兵与卢龙合攻三镇，淮西兵讨平山南。而卢龙及淮西复叛，发泾原兵东讨。过京师，以不得赏赐，作乱。奉朱泚为主。德宗奔奉天。为泚所围攻。赖浑瑊力战，又得河中节度使李怀光入援，围乃解。怀光恶宰相卢杞，欲面陈其奸，为杞所阻，又反。德宗再奔梁州。于时叛者四起，而朝廷的兵力、财力，都很薄弱。不得已，乃听陆贽的话，赦其余诸人的罪，专讨朱泚。幸赖李晟忠勇，得以收复京城。又得马燧，打平河中。然而其余诸镇，就只好置诸不问了。而德宗回銮以后，鉴于人心的反复，遂至文武朝臣，一概不信，而专信宦官。命其主管神策军。而神策军的饷赐，又最优厚，诸军多自愿隶属。其数遂骤增至十五万。宦官得此凭借，遂起而干涉朝政。唐朝的中央政府，就更无振作之望了。

德宗崩后，子顺宗立。顺宗为太子时，即深恶宦官。及即位，用东宫旧臣王叔文等，要想除去宦官。而所谋不成，顺宗以疾传位于宪宗，叔文等多贬谪而死。宪宗任用裴度，讨平淮西、河北三镇，实为唐事一大转机。宪宗被弑。穆宗即位。因宰相措置失宜，三镇复叛。用兵不克。只得赦其罪而罢兵。自此河北三镇，终唐之世，不能复取了。

穆宗之后，传敬宗以至文宗。初用宋申锡为相，继又不次擢用李训、郑注，谋诛宦官，都不克。甘露之变以后，帝遂为宦官所制，抑郁而崩。武宗立，颇英武，能任用李德裕，讨平刘稹之叛。宣宗立，政治亦颇清明，人称为小太宗。当德宗时，西川节度使韦皋，招徕南诏，与之共破吐蕃。文宗时，回纥为黠戛斯所破。宣宗时，吐蕃内乱，中国遂乘机收复河湟之地。天宝以后的外患，至此亦算解除。

然而自宪宗以后，无一君非宦官所立，中央的政治，因此总不能清明；而外重之势，亦无术挽回，总不过苟安罢了。宣宗之后，懿宗、僖宗两代，又均荒淫。僖宗年幼，尤敬信宦官田令孜。一切都听他主持。流寇之祸又起，到底借外力打平，唐室就不能支持了。

沙陀是西突厥别部。西突厥亡后，依北庭都护府以居。后引吐蕃陷北庭。又为吐蕃所疑，乃举部归中国。中国人处之河东。简其精锐的为沙陀军。懿宗时，徐、泗兵戍桂州的作乱，北还。靠着沙陀兵打平。于是其酋长朱邪赤心，赐姓名为李国昌，用为大同节度使。后又移镇振武。国昌的儿子克用，叛据大同。为幽州兵所破。父子俱奔鞑靼。

公元八七五年，黄巢作乱。自河南经山南，沿江东下，入浙东，经福建，至岭南，再北出，渡江，陷东都，入潼关。田令孜挟僖宗走蜀。诸方镇多坐视不肯出兵。讨贼的兵，亦不肯力战。不得已，赦李克用的罪，召他回来。李克用带着沙陀、鞑靼万余人而南。居然把黄巢打平。然而沙陀之势，就不可复制了。

黄巢乱后，唐室的威灵，全然失坠。沙陀雄踞河东。黄巢的降将朱全忠据宣武。韩建、王行瑜、李茂贞等，又跋扈关内。僖宗崩后，昭宗继立。百计以图挽回，终于无效。

朝廷每受关内诸镇的胁迫，多藉河东以解围。自黄巢亡后，其党秦宗权复炽。横行河南。此时朱全忠的情势，甚为危险。而全忠居围城之中，勇气弥厉。到底乘宗权兵势之衰，把他灭掉。又吞并山东和淮北，服河北三镇，并河中，降义武。取泽、潞及邢、洺、磁。连年攻逼太原，于是河东兵势亦弱，唯全忠独强。

昭宗和宰相崔胤谋诛宦官。宦官挟李茂贞以自重。崔胤召朱全忠的兵。宦官遂劫帝如凤翔。全忠进兵围之。茂贞不能抗，奉昭宗如全忠营。于是大诛宦官。而昭宗亦被全忠劫迁于洛阳。旋弑之而立昭宣帝。公元九〇七年，唐遂为梁所篡。

这时候，除河东以外，又有吴、吴越、楚、闽、南汉、前蜀六国，遂入于五代十国之世。

第十六章 五代的混乱

五代时的国，原不过唐朝藩镇的变形。这许多武人，虽然据土自专，其实并无经营天下的大志，不过骄奢淫逸而已。所以除中原之地，战争较烈外，其余列国之间，兵事颇少。

本族纷争不已，必然要引起外患，这是最可痛心的事。当唐之末年，梁之形势，本已独强，所以能篡唐而自立。然而梁太祖死后，末帝懦弱。而晋则李克用死后，子存勖继立，年少勇于攻战。于是形势骤变。河北三镇和义武都入于晋。梁人屡次攻战，都不得利，只得决河以自守。李存勖自称皇帝，建国号为唐。是为后唐庄宗。公元九二三年，庄宗破梁兵于郓州。乘梁重兵都在河外，进兵直袭大梁。末帝自杀。梁亡，后唐迁都洛阳。

后唐庄宗，本是个骄淫的异族。虽然略有犷悍之气，却并不懂得什么叫政治的。所以灭梁之后，立刻骄侈起来。宠信伶人宦官，政治大坏。公元九二五年，命宰相郭崇韬，傅其幼子魏王继岌伐蜀。

把前蜀灭掉。而皇后刘氏，听信宦官的话，自为教与继岌，令其把郭崇韬杀掉。于是中外震骇，讹言四起。魏博的兵，乘机据邺都作乱。庄宗命李克用的养子李嗣源去打他。嗣源手下的兵也变了，劫嗣源以入于邺。嗣源以计诳叛人得出。又听其女婿石敬瑭的话，回兵造反。庄宗为伶人所弑。嗣源即位，是为明宗。明宗在五代诸君中，要算比较安静的。在位八年，以公元九三三年死。养子从厚立，是为闵帝。时明宗养子从珂镇凤翔，石敬瑭镇河东，闵帝想把他俩调动，从珂便举兵反。闵帝派出去的兵，都倒戈投降。闵帝出奔，被杀。从珂立，是为废帝。又要调动石敬瑭。敬瑭又造反。就把契丹的兵引进来了。

　　废帝鉴于闵帝的兵的倒戈，所以预储着一个不倒戈的将，那便是张敬达。于是发兵，把晋阳困起来。石敬瑭急了，乃以割让燕云十六州为条件，求救于契丹。刘知远劝他："契丹只需饵以金帛，便肯入援，不必要这么优厚的条件。"而石敬瑭急何能择，不听。于是契丹太宗发大兵入援。打破张敬达的兵，挟着石敬瑭南下。废帝自焚死。敬瑭受册于契丹，国号为晋，是为晋高祖。称臣于契丹。沙陀虽是异族，业已归化中国。他自己并无根据地，迟

李存勖

早要同化于中国的。李克用等虽是异族的酋长，一方面亦可算作中国的军人。梁、唐的兴亡，也可算是中国军人的自相陵挣^①，其性质还不十分严重。至于契丹，则系以另一国家的资格侵入的，其性质，就非沙陀之比了。以地理形势论：中国的北部，本该守阴山和黄河。守现在的长城，已非上策。自燕、云割后，不但宜、大全失，山西方面，只有雁门内险可守；河北方面，则举居庸等险而弃之，遂至专恃塘滦之类，以限戎马。宋朝所以不敢和契丹开衅，最大的原因，实缘河北方面，地利全失之故。燕、云不能恢复，女真之祸，自然接踵而来了。所以十六州的割弃，实在是中国最大的创伤。然而外有强敌，而内争不已，其势必至于此而后止。

晋高祖的称臣于辽，臣下心多不服。高祖知国力不足与辽敌，唱高调的人，平时唱着高调，临事未必肯负责任，甚至有口唱高调，实怀通敌之心的。所以始终不肯上当。对辽总是小心翼翼，不失臣礼。公元九四二年，高祖死了。兄子重贵立，是为出帝。听信侍卫景延广的话，罢对辽称臣之礼。辽人来诘问，景延广又把话得罪他。两国的兵端遂启。国与国的竞争，不但在兵力，而亦在纲纪。纲纪整饬，即使兵力不足，总还可以支持。纲纪荡然，那就无从说起了。晋辽启衅之后，辽兵连年入寇，晋兵从事防御，胜负亦还相当。然而国力疲敝，调兵运饷，弄得骚然不宁，本已

---

① 陵挣（zuó），这里引申为内讧。陵，古同"凌"，侵犯，欺侮。挣，抵触，冲突。——编者注

有岌岌可危之势。加以假借外力，晋祖既开其端，安能禁人之效尤。于是有替契丹力战的赵延寿，又有举兵以降敌的杜重威。公元九四六年，辽人遂入大梁，执出帝而去。明年，辽太宗入大梁。

辽太宗是个粗才，不懂得治理中国的——假使这时，来的是太祖，汴梁的能否恢复，就成为问题了——于是遣打草谷军，四出抄掠。又遣使诸道，搜括财帛。多用其子弟亲信为刺史。一班汉奸，因而依附着他，扰害平民，弄得群盗四起。太宗无可如何，反说："我不料中国人难治如此。"乃弃大梁北归。行至滦城而死。刘知远先已自立于太原，及是，发兵入大梁，是为后汉高祖。

后汉高祖，也是沙陀人，入汴后两年而死。子隐帝立。三年而为郭威所篡，中原之地，自后唐入据以来，至此始复脱沙陀的羁轭①，而戴汉人为主。后汉高祖之弟旻，称帝于太原，称侄于辽，受其封册，是为北汉。

后周高祖篡汉后，三年而殂。养子世宗立。世宗性英武，即位之初，北汉乘丧，合辽兵来伐，世宗自将，大败之于高平。当时天子的卫兵，实即唐朝藩镇之兵的变相，自唐中叶以后，地擅于将，将擅于兵。已成习惯。小不如意或有野心之家饵以重利，便可杀其将而另戴一人，此时的藩镇，看似生杀自由，实则不胜其苦。五代时的君主，所以事势一有动摇，立刻势成孤立，亦由于此。而且累朝不加检阅，全是老弱充数，所以卖主则有余，御

---

① 羁轭（jī è），亦作"羁厄"，束缚，控制。——编者注

敌则不足，这要算是五代时最根本的大患了。世宗自高平回来，深知其弊。于是大加裁汰，又命诸州招募壮勇，送至阙下。择其尤者，为殿前诸军。又裁冗费，修政事，于是国富兵强。这时候，南唐、后蜀，都想勾结契丹，以图中原。世宗乃先出兵伐后蜀，取其阶、成、秦三州。次伐南唐，尽取江北之地，南唐称臣奉贡。公元九五九年，世宗遂自将伐辽。时值辽穆宗在位，沉湎于酒，国势中衰。世宗恢复瀛、莫、易三州，直趋幽州，恢复亦在旦夕。惜乎天不假年，世宗因患病回军，不久就死了。子恭帝立，还只七岁。当时兵力，最强的是殿前军，而赵匡胤是殿前军的都点检。当主少国疑之日，自不免有人生心，于是讹言契丹入寇，匡胤带兵去防他。至陈桥驿，兵变，拥匡胤回汴京，废恭帝而自立，是为宋太祖。当时偏方诸国，本都微弱不振，而中原经周世宗的整顿，业已富强，加以宋太祖的英明，因而用之，而统一的机运就到了。

第十七章　宋的统一及其初年的政治

于此，得将十国的情形，略一叙述。当唐末，割据的有两种人。其一是藩镇。如：

【吴】杨行密，本是唐朝的庐州刺史。公元八八六年，乘淮南的扰乱，进据广陵。后来秦宗权的将孙儒来攻，行密被他打败，逃回庐州，又逃到宣州，仍被孙儒围起，后乘儒军大疫，把他灭掉。还据广陵。尽并淮南之地。

【吴越】钱镠，是唐朝的杭州刺史。平越州董昌之乱，保据两浙。时在公元八九六年。

【南汉】刘隐，以公元九〇五年，做唐朝的岭南节度使。死后，其弟岩继之。保据岭南。

【前蜀】王建，是神策军将。田令孜的养子。随令孜入蜀，为利州刺史。时令孜以其弟陈敬瑄为西川节度使。王建和他翻脸。公元八九三年，把成都攻破。公元八九七年，又攻并东川。

其二是流寇。

【楚】孙儒死后，其将刘建锋、马殷等，逃据湖南。公元八九五年，建锋为其下所杀，推殷为主。

【闽】王潮，河南固始人。寿州人王绪造反，攻破固始，用潮为军正。绪因避秦宗权，渡江而南，直流入福建。后为其下所杀，推潮为主，公元八九三年。占据福州，潮死后，弟审知继之。

诸国之中，吴的地势和中原最为接近。行密子渥，又尽并江西，地亦最大。公元九三七年，吴为李昇所篡，改国号为唐，是为南唐。传子璟，乘闽、楚的内乱，把它们灭掉。遂有觊觎中原之意。前蜀亡后，后唐以孟知祥为西川节度使。知祥攻并东川。于公元九三三年自立。传子昶，昏愚狂妄，亦想结契丹以图中原。所以周世宗对于这两国，要加以膺惩①。湖南自楚亡后，南唐在实际上并未能有其地。其明年，即为辰州刺史刘言所据。自此王逵、周行逢，相继有其地。都居朗州。受署于后周。荆、归、峡三州之地，公元九〇五年，梁太祖以其将高保融为节度使。从后唐以来，自立为一国，是为南平。宋初诸国皆仅自守，唯北汉倚恃辽援与周本系世仇。至宋初，关系亦未能改善。其情势如此。

宋太祖的政策和周世宗不同。周世宗是想先恢复燕云的，宋太祖则主张先平定中国。这不但避免与辽启衅，亦且西北一带，

---

① 膺（yīng）惩，讨伐，抗击。——编者注

自五代以来，中国对它的实力，不甚充足。存一北汉，虽然是个敌国，却可替中国屏蔽两面，所以姑置为缓图。公元九六二年，周行逢卒，子保权幼。潭州将张文表，意图吞并朗州。保权来求救，宋太祖出兵，先因假道，袭灭南平。文表已为朗州兵所击破，宋兵却前进不已。到底将朗州打破，执保权以归。诸国最昏乱的是后蜀，最淫虐的是南汉。宋于公元九六五、公元九七一两年，先后把它们灭掉。南唐是事中国最谨的，亦以征其入朝不至为名，于公元九七五年，把它灭掉。如此，吴越知道不能自立了。灭南唐之岁，太祖崩，太宗立。公元九七八年，吴越遂纳土归降。其明年，太宗自将伐北汉。先是宋亦屡次伐它，其意只在示威，使之不敢南犯，这一次，则决意要灭掉它。于是先分兵绝辽援兵。北汉遂出降。自朱全忠篡唐自立至此，凡七十三年。

五代时偏方诸国，既不大，又不强，扑灭它们，原不算得什么事。但是从唐中叶以来，所以召乱而致分裂之源，则不可不把它除掉。所以召乱而致分裂之源是什么呢？一是禁军的骄横，一是藩镇的跋扈。禁军虽经周世宗的整顿，究竟结习未除。宋太祖便是因此而得大位的。此弊不除，肘腋之间，

宋太祖

就不能保其无变，还说得上什么长治久安之计？所以宋太祖先于杯酒之间，讽示典宿卫之将石守信等，令其自请解去兵权。至于藩镇，唐时业已跋扈不堪，五代时更不必说了。宋太祖乃用渐进的手段。凡藩镇出阙的，逐渐代以文臣。属于节度使的支郡，都令直达中央。各州官出阙，都令京朝官出知，以重其体，又特设通判，以分其权。

中央的大权旁落，总是由于兵权和财权的旁落。宋太祖有鉴于此，所以特设转运使于各路，以收财赋之权。诸州的兵，强的都升为禁军，直隶三衙。弱的才留在本州，谓之厢军。不甚教阅，名为兵，其实不过给役而已。如此一来，前此兵骄和外重之患，就都除掉了。然而天下事有利必有弊。宋朝的政策，是聚天下强悍不轨之人以为兵，而聚天下之财于中央以养之。到后来，养兵未得其用，而财政却因之而竭蹶，就成为积弱之势了。又历代的宰相，于事都无所不统。宋朝则中书治民，三司理财，枢密主兵，各不相知，而言路之权又特重。这原是因大权都集于中央，以此防内重之弊的。立法之初，亦可谓具有深意。然而宰相既无大权，而举动又多掣肘，欲图改革，其事就甚难了。这就是后来王安石等所以不能有所成就，而反致酿成党争的原因。

第十八章　变法和党争

宋辽的竞争，开始于公元九七九年。太宗既灭北汉，即举兵以攻幽州。大败于高粱河。公元九八五年，太宗听边将的话，命曹彬、田重进、潘美等分道伐辽，又不利。自此以后，宋就常立于防御的地位。公元一〇〇四年，辽圣宗自将入寇，至澶州。是时太宗已崩，真宗在位。宰相寇准，力劝帝亲征。真宗车驾渡河，乃以岁币银十万两，绢二十万匹成和议。辽主以兄礼事帝。

公元一〇四二年，辽兴宗又遣使来求关南之地。宋仁宗使富弼报之。又增岁币银、绢各十万两、匹。当仁宗时，夏元昊造反。宋人屯大兵于陕西，屡战不胜。公元一〇四三年，亦以银、绢共二十五万五千成和议，谓之岁赐。

对外的不竞如此，内之则养兵之多，至一百十六万，财政为之困敝，而仍不可以一战。宋代的财政，和前代不同。前代开国之时，大抵取于民者甚轻，所以后来还有搜括的余地。宋朝则因养兵之故，唐中叶后所兴盐茶等税，都没有除掉。就是藩镇的苛税，虽说是削平之时，都经停罢，实亦去之未尽。所以人民的负担，在承平之时，业已不胜其重了。

内治则从澶渊和议成后，宋真宗忽而托言有天书下降。于是封泰山，祀汾阴，斋醮宫观之事纷起，财用始患不足。而政治亦日益因循。真宗之后，仁宗继之。在位最久，号为仁君，然而姑息弥甚。仁宗之后，英宗继之，则在位不过四年而已，未能有所作为。

当仁宗时，范仲淹为相。曾有意于改革。然未久，即不安其位而去。至公元一〇六八年，神宗即位，用王安石为宰相，力行新法，而政治的情势始一变。

王安石的新法，范围所涉甚广。然举其最重要的，亦不过下列三端：

范仲淹

其一，青苗、免役之法，是所以救济农民的。宋承唐、五代之后，版籍之法既坏，又武人擅土，暴政亟行，其时的农民，很为困苦。而自两税法行之后，估计丁、赀之数，以定户等，而签差以充役。役事重难，有破产不能给的。人民因此，至于不敢多种田，父子兄弟，不敢同居，甚至有自杀以免子孙之役的，其惨苦不可胜言。

王安石乃立青苗之法，将各处常平、广惠仓的蓄积，当农时借与人民，及秋，随赋税交纳。取息二分，谓之青苗钱。又立免役之法，令本来应役之户出免役钱，不役之户出助役钱，以其钱雇人充役，免却签差。

其二，裁兵、置将及保甲，是所以整顿军政的。宋朝既集兵权于中央，沿边须戍守之处，都由中央派兵前往，按时更调，谓之番戍。其意原欲令士卒习劳，不至于骄惰。然而不悉地形，又和当地的百姓不习熟，不能得其助力，往往至于败北。却因此多添出一笔"衣粮"之费，财政更受其弊。安石先将兵额大行裁减。置将统兵，分驻各地，以革番戍之弊。安石之意，以为根本之计，是要行民兵的。于是立保甲之法。令人民以五家为一保，五十家为一大保，五百家为一都保。保有保长，大保有大保长，都保有都保正、副。户有二丁的，以其一为保丁。初令保丁每日轮派五人，警备盗贼。后来教保长以武艺，令其转教保丁。募兵阙，则收其饷，以充民兵教阅之费。

王安石

其三，改革学校、贡举之法，是所以培养人才的。自魏、晋以后，学校久已有名无实，不过是进取之一途而已。科举则进士、明经，所学都失之无用。王安石是主张行学校养士之法的。于是于太学立三舍。初入学的居外舍，以次升入内舍、上舍。上舍生得免礼部试，授之以官。又立律学、武学及医学。于科举，则因自唐以来，俗重进士而轻诸科。乃罢诸科，独存进士。改试经义、论、策。其所谓经义，则改墨义为大义。又立新科明法，以待士之不能改业的。

王安石所行的新法，以这几件为最有关系。此外尚有农田水利、方田均税等。变法之初，特设制置三司条例司，以规划财政。安石对于理财，最为注意。当其时，一岁的用度，都编有定式。经其整顿之后，中央和各州的财政，都有盈余。

宋初官制，最为特别。治事都以差遣，官不过用以定禄、秩而已。神宗才革新官制。一切以唐代为法。遂罢三司，还其职于户部。枢密仅主兵谋，所管兵政，亦还之兵部。新设的机关，亦都废罢。

王安石的新法，范围既广，流弊自然不能没有的。特如青苗，以多散为功，遂不免于抑配。抑配之后，有不能偿还的，又不免于追呼，甚或勒令邻保均赔。保甲则教阅徒有其名，而教阅的人，反因此而索诈。都是显而易见的。

然而宋朝当日，既处于不能不改革之势，则应大家平心静气，求其是而去其弊。而宋朝人的风气，喜持苛论，又好为名高。又因谏官权重，朋党之风，由来已久。至此，反对新法的人，遂纷纷而起。反对无效，则相率引去。

安石为相，前后凡七年。终神宗之世，守其法不变。公元一〇八五年，神宗崩，哲宗立。年幼，太皇太后高氏临朝。以司马光、吕公著为宰相。新法遂尽废。安石之党，多遭斥逐。当时朝臣都奉太皇太后为主，于哲宗的意思，不甚承顺。哲宗怀恨在心。太皇太后崩后，遂相章惇，复行新法，谓之"绍述"。旧党亦多遭斥逐。公元一一〇〇年，哲宗崩，徽宗立。太后向氏权同听政。颇进用旧党，欲以消弭党见，而卒无成效。徽宗亲政后，亦倾向新党，复行新法。然用一反复无常的蔡京。徽宗性本奢侈，蔡京则从各方面搜括钱财，去供给他。于是政治大坏，北宋就迫于末运了。

第十九章 辽夏金的兴起

　　文化是逐渐扩大的。中国近塞诸民族，往往其初极为野蛮，经过若干年之后，忽崭然露头角。其政治兵力和社会的开化，都有可视。这并非其部落中一二伟人所能为，而实在是其部落逐渐进化的结果。辽、夏、金的兴起，都是此例。

　　现在的热河，自秦、汉至唐，本系中国的郡县。不过地处边陲，多有民族杂居罢了。杂居在这区域中的异族，主要的是鲜卑。当两晋时，鲜卑部落纷纷侵入内地，独有所谓奚、契丹的，仍居住于西辽河上游流域，没有移动。南北朝时，契丹曾为柔然及高句丽所破。隋时，休养生息，渐复其旧。唐武后时，其酋长李尽忠造反，又遭破坏。于是其酋长大贺氏亡，遥辇氏起而代之。然亦积弱不振。到唐末，而其部落中有一伟人出，是为契丹太祖耶律阿保机。契丹旧分八部，部各有一大人。尝公推一大人司旗鼓。"及其岁久，或国有疾疫而畜牧衰"。则公议，更立其次。太祖始并八部为一。遂于公元九一六年，代遥辇氏，为契丹的君长。这时候，北方适无强部。于是太祖东征西讨，东北灭渤海，服室韦。西北服黠戛斯。西征回鹘，至于河西。其疆域，东至海，西接流河，北至胪朐河，南与中国接壤，俨然北方一大国了。

太祖初与李克用约为兄弟，后又背之，通好于梁，所以李克用很恨他。后唐之世，契丹和中国交兵。其时后唐兵力尚强，契丹不得逞。然而后唐的幽州守将周德威恃勇，弃渝关不守，平州遂为契丹所陷。至于营州，则唐朝设立都督府，本所以管理奚、契丹的。此时契丹盛强，唐室的威灵，久已失坠，其为所占据，更不待言了。太祖死于公元九二六年，次子太宗立。越十年，而石晋来求援，安坐而得燕云十六州。两河之地，遂为契丹所控制。

太宗是个粗才，所以入中国而不能有。先是太祖的长子名倍，通诗书，善绘画，又工医药等杂技，是个濡染中国文化极深的人。而太祖的皇后述律氏，不喜欢他。平渤海之后，封为东丹王，命其镇守东垂，东丹王浮海奔后唐。废帝败亡时，先杀之而后死。太宗死后，述律后又要立其第三子李胡。李胡暴虐，国人不附。于是契丹人就军中拥立东丹王的儿子，是为世宗。李胡发兵拒敌，给世宗打败。世宗在位仅四年。死后，太宗的儿子穆宗继立。沉湎于酒，不恤国事。中国当此时，很有恢复燕、云的机会，惜乎周世宗早死，以致大功不成。公元九六九年，穆宗被弑，世宗之子景宗立。在位十四年。子圣宗继之。圣宗年幼，太后萧氏同听政。圣宗时，为辽的全盛时代。澶渊之盟，即成于此时。公元一〇三一年，圣宗死，子兴宗立。年少气盛，于是有派人到中国来求割关南之举。中国遣富弼报使，反复争辩，才算把求地之议打消。此次所增岁币，中国和契丹，争论纳、贡两个字。《宋史》上说系用"纳"字，《辽史》上则说用"贡"字的，未知孰是。然而即使用"纳"字，也体面得有限了。兴宗时，算是契丹蒙业而安的时代。公元一〇五五年，兴宗死，子道宗立。任用佞臣耶律乙辛，政治始坏。公元一一〇一年，道宗死，孙天祚帝立。荒于游畋，于国事简直置诸不管。而东北方的女真，适于此时兴起，辽人就大祸临头了。

西夏是党项部落。唐太宗时，归化中国。其酋长姓拓跋氏。后裔思敬，以讨黄巢功，赐姓李。为定难节度使。世有夏、银、绥、宥、静五州。传八世，至继捧，以宋太宗时来降。尽献其地。而其族弟继迁叛去。公元九八五年，继迁袭据银州。明年，降于辽。公元一〇〇二年，又袭据灵州。明年，为蕃族潘罗支所杀。子德明立。三十年未曾窥边。然以其间西征回鹘，取河西，地益大，公元一〇三二年，德明子元昊立。立二年，遂反。至公元一〇四三年才成和。元昊定官制，造文字，设立蕃、汉两学，区划郡县，分配屯兵。其立国的规模，亦颇有可观。

金室之先，是隋、唐时的黑水靺鞨。渤海盛时，靺鞨都役属于它。渤海亡后，改称女真。在混同江以南的，系辽籍，谓之熟女真。以北的不系籍，谓之生女真。金朝王室的始祖，是高丽人。名函普。入居生女真的完颜部。劝解部人和他部的争斗。娶其六十未嫁之女。遂为完颜部人。生女真程度，本来很低，函普以高丽的文化教导之，才渐次开化。函普的曾孙献祖，徙居安出虎水，始筑室，知树艺。其子昭祖，渐以条教，统辖诸部。昭祖耀武，至于青岭、白山，入于苏滨、耶懒之地。至其子景祖，则统门、五国诸部，亦来听命。女真民族，渐有统一之望了。景祖始受辽命，为生女真部族节度使。其三子世祖、肃宗、穆宗，相继袭职。以至于世祖之子太祖。遂有叛辽之举。

　　女真人虽甚野蛮，然自渤海立国以来，业已一度的开化。更加以高丽人的启发，遂渐起其民族自负之心。当这时候，女真人的强悍，非辽人所能敌，女真人亦自知之。特苦于部族众多，势分而弱，不足以与辽敌。从景祖以来，诸部渐次统一，而金朝人的欲望，亦渐次加大。刚又遇着天祚帝的荒淫，年年遣使到海上去求海东青，骚扰无所不至，为诸部族所同怨。金太祖遂利用之以叛辽。金太祖的叛辽，时在公元一一一四年。兵一举而咸州、宁江州、黄龙府，次第陷落。天祚帝本是个不懂事的，得女真叛信，立刻自将大兵去征讨。兵未全到，闻后方有人叛乱，又忽遽西还。其兵遂为金人所袭败。东京亦陷落。天祚帝忽又把金事置之度外，恣意游畋 [1]。而遣使与金议和。迁延不就。至公元一一二一年，金太祖再进兵，遂陷辽，上京。旋辽将耶律余睹来降。金人用为向导，中京、西京，又次第陷落。南京拥立秦晋国王淳，亦不能自立。而宋人夹攻之兵又起。

---

　　① 游畋（yóu tián），意为出游打猎。——编者注

第二十章　宋和辽夏的关系

　　神宗时，对辽还保守和平，对夏则又开兵衅。夏元昊死于公元一〇五一年，子谅祚立。十六年而死。子秉常立，年方三岁。是年，宋鄜州将种谔袭取绥州。明年，为神宗元年，夏人请还前此所取塞门、安远两寨。以换取绥州。神宗许了他。而夏人并无诚意。于是改筑绥州，赐名绥德。又进筑了许多寨。夏人遂举兵来犯。神宗用韩绛、种谔，以经营西边，迄不得利。而开熙河之议起。熙河是现在甘肃南部之地。唐中叶后，为吐蕃所陷。后来虽经收回，而蕃族留居其地的很多。大的数千家，小的数十百家为一族。其初颇能助中国以御西夏，后来亦不免有折而入之的。神宗时，王韶上平戎之策。说欲取西夏，必先复河湟。王安石主其议，用为洮河安抚使。王韶就把熙、河等州，先后恢复，建为一路。时在公元一〇七三年。其后八年，有人说秉常为其母所囚。神宗乃发兵五路，直趋灵州。未能达到。明年，给事中徐禧城永乐，又为夏人所败。这两役，中国丧失颇多。公元一〇八六年，为哲宗的元年。是岁，秉常死，子乾顺立。来归永乐之俘。当时执政的人，不主张用兵，就还以神宗时所得的四个寨。而夏人侵寇仍不绝。于是诸路同时拓地进筑。夏人国小，不能支持，乃介辽人以乞和。公元一〇九九年，和议成。自此终北宋之世，无甚兵爨①。

　　天下事最坏的是想侥幸。宋朝累代，武功虽无足称，以兵力论，并不算薄。然而对辽终未敢轻于启衅。实以辽为大国，自揣兵虽多而战斗力实不足恃之故。徽宗时，民穷财尽，海内骚然。当时东南有方腊之乱。虽幸而打平，然而民心的思乱，兵备的废弛，则已可概见了。乃不知警惕，反想借金人的力量，以恢复燕云，这真可谓之"多见其不知量"了。宋朝的交通金人，起于公元一一一八年。所求的，为石晋时陷入契丹故地。金太祖答以两国夹攻，所得之地即有之。公元一一二二年，童贯进兵攻辽，大败。是岁，辽秦晋国王淳死。辽人立天祚帝次子秦王定。尊淳母萧氏为太后，同听政。辽将郭药师来降。童贯乘机再造兵进攻，又败。贯大惧，遣使求助于金。于是金太祖从居庸关而入，攻破燕京。辽太后和秦王都逃掉。明年，而金太祖死，弟太宗立。是时，辽天祚帝尚辗转西北。传言夏人将遣兵迎致。金人分兵经略。夏人亦称藩于金。至公元一一二五年，而天祚帝卒为金人所获。辽朝就此灭亡。宋朝去了一个和好百余年的契丹，而换了一个锐气方新的女真做邻国了。

---

　　① 兵爨（cuàn），这里指战事。爨，原意为烧火做饭。——编者注

以契丹的泱泱大风，而其灭亡如此之速，读史的人，都觉得有点奇怪。然而这亦并无足异。原来契丹的建国，系合三种分子而成：即（一）部族，（二）属国，（三）汉人州县。（二）、（三）的关系，本不密切。便（一）也是易于土崩瓦解的。国民没有什么坚凝的团结力，仅恃一个中心人物，为之统驭；这个中心人物而一旦丧失，就失其结合之具；一遇外力，立即分崩离析，向来的北族，本是如此的，契丹也不过其中之一罢了。

当金人初起兵时，其意至多想脱离辽人的羁绊，而自立一国。说这时候，就有灭辽的思想，是绝无此理的。辽人的灭亡，全是自己的崩溃。在金人，只可谓遭值天幸。然而虽有如此幸运，而灭辽之后，全辽的土地，都要经营，也觉力小而任重，有些消化不掉了。所以燕云的攻克，都出金人之力，而仍肯以之还宋。但是金人此时，亦已有些汉人和契丹人，代他谋划了。所以其交涉，亦不十分易与，当时金人提出的条件是：燕京之得，全出金人之力，所以应将租税还给金人。营、平、滦三州，都非石晋所割，所以不能还宋。交涉久之，乃以宋岁输金银、绢各二十万两、匹，别输燕京代税钱一百万缗的条件成和。于是燕云之地，金人都次第来归。

平心而论，以这区区的代价，而收回燕云十六州，如何不算是得计？然而营、平、滦三州的不复，却不但金瓯^①有缺，而且

---

① 金瓯（ōu），原指金的盆、盂之属，比喻疆土之完固，亦用以指国土。——编者注

是种下一个祸根。这不得不怪交涉的人的粗心，初提条件时，连这一点都不曾想到了。于是金人以平州为南京，命辽降将张觉守之。金人这时候，所有余的是土地，所不足的是人民。尤其是文明国民，若把他迁徙得去，既可免土满之患，又可得师资之益，真是一举两得。于是还宋燕京之时，把人民都迁徙而去，只剩得一个空城。宋人固然无可如何。而被迁徙的人民，颠沛流离，不胜其苦。路过平州，乃劝张觉据城降宋。张觉本是个反复无常的人，就听了他们的话。而宋朝人亦就受了他。等到金人来攻，张觉不能守，逃到燕山。金人来质问，宋人又把张觉杀掉，函首以畀金。徒然使降将离心，而仍无补于金人的不满。公元一一二五年，金人遂分两道入寇。

第二十一章　宋和金的关系

当时的宋朝，万无能抵敌金人之理。于是宗望自平州，宗翰自云州，两道俱下。宗翰之兵，为太原张存纯所扼。而宗望陷燕山，渡黄河，直迫汴京。徽宗闻信，先已传位于钦宗，逃到扬州。金兵既至，李纲主张坚守。宋人又不能始终信用。宋朝的民兵，本来有名无实。募兵当王安石时，业已裁减。蔡京为相，又利用其阙额，封桩其饷，以备上供。这时候，不但有兵而不可用，亦几于无可用的兵。到底陕西是多兵之地，种师道、姚古，又算那方面的世代将家，先后举兵入援。然亦不能抵抗。不得已，乃以割太原、中山、河间三镇；宋主尊金主为伯父；宋输金金五百万银五千万两，牛马万头，表缎百万匹；以亲王宰相为质的条件成和。旋括京城内金二十万两，银四十万两，交给金兵。金兵才退去。这是公元一一二六年的事。此时宗翰还顿兵太原，听得这个消息，也差人来求赂。宋人说既已讲和，如何又来需索？不给。宗翰大怒。

分兵攻破威胜军、隆德府。宋人以为背盟，遂诏三镇固守。又把金朝派来的使臣萧仲恭捉起来。这萧仲恭，是辽之国戚。急了，要想脱身之计。乃假说自己亦故国之思，能替宋朝招降耶律余睹。宋朝人信了他，给以蜡书。仲恭到燕山，便把蜡书献给宗望。于是宗望、宗翰，再分兵南下。此时太原已陷，两路兵都会于汴京。京城不守，公元一一二七年，徽、钦二宗及后妃、太子、宗室诸王等，遂一齐北狩。金人立张邦昌为楚帝。

此时只有哲宗的废后孟氏，因在母家，未被掳去。兵退之后，张邦昌乃让位，请他出来垂帘，立高宗为皇帝。即位于归德。

高宗初即位时，用李纲为相，命宗泽留守汴京。二人都是主张恢复的。然而当时北方的情势，实在不易支持。于是罢李纲，而用汪伯彦、黄潜善。高宗南走扬州。这时候，宋使王师正请和于金，又暗中招谕汉人和契丹人，为金人所发觉。于是宗望、宗翰，会师濮州。遣兵南下。高宗逃到杭州。金人焚扬州而去。这是公元一一二九年的事。未几，金宗弼又率兵渡江。陷建康，自独松关入，陷杭州，高宗先已逃到明州。金兵进逼，又逃入海。金人以舟师入海追之三百里，不及，乃还。宗弼聚其掳掠所得，自平江北还。韩世忠邀击之于江中。

李纲

相持凡四十八日，宗弼乃得渡。自此以后，金人以"士马疲敝，粮储未丰"，不再渡江，宋人乃得偏安江南。然而东南虽可偷安，西北又告紧急。当宗翰与宗望会师时，曾遣娄室分兵入陕西。宋人则以张俊为京湖川陕宣抚使。俊以金兵聚于淮上，出兵以图牵制。而宗弼渡江之后，亦到陕西参战。两军会战于富平，宋兵大败。陕西之地多陷。幸而张俊能任赵开以理财，又有吴玠、吴璘、刘子羽等名将，主持军事，总算把四川保全。

这时候，宋人群盗满山。自公元一一二九年之后，金人不复南侵，乃得以其时平定内乱。而金人亦疲敝已极。于是立宋朝的叛臣刘豫于汴京，国号为齐，界以河南、陕西之地。想借为缓冲，略得休息。而刘豫又起了野心，想要吞并江南。屡次借兵于金以入寇。又多败衄。至公元一一三七年，遂为金人所废。先两年，金太宗死了，熙宗继立。挞懒专权用事。当金人立张邦昌时，秦桧为御史大夫，上状于金人，请立赵氏之后。为金人所执。金太宗以赐挞懒。后来乘机逃归。倡言要"南人归南，北人归北"，天下才得太平。高宗用为宰相。至此，遣使于金，请将河南陕西之地相还。挞懒答应了。公元

岳飞

一一三八年，遂以其地来归。明年，挞懒以谋反伏诛。宗弼入政府。金朝的政局一变。和议遂废。宗弼和娄室，再分攻河南、陕西。宋朝的兵力，已较前此略强。而宗弼颇有轻敌之意。前锋至顺昌，为刘琦所败。岳飞亦自荆襄出兵，败金人于郾城。吴璘亦出兵收复陕西州郡。而秦桧主和议，召诸师班师。公元一一六〇年，以下列的条件成和：东以淮水，西以大散关为界。宋称臣于金，宋岁输金银、绢各二十五万两、匹。

宋南渡以后之兵，以韩、岳、张、刘为大。四人在历史上，都号称名将，而且都是我国民族的英雄。可惜刘光世死后，其兵忽然叛降伪齐，留下韩世忠、岳飞、张俊之兵，号为三宣抚司。秦桧与金言和，乃召三人论功，名义上虽各授以枢府，而实际上则罢其兵柄。未几，岳飞被害，韩世忠骑驴湖上，亦做了个闲散的军官了。于是诸军虽仍驻扎于外，而改号为某州驻扎御前诸军，直隶中央，各设总领，以司其饷项。

和议成后八年，金熙宗被弑，海陵庶人立。先迁都于燕，后又迁都于汴。公元一一六〇年，发大兵六十万入寇。才到采石，东京业已拥立世宗。海陵想尽驱其兵渡江，然后北还。仓促间，为虞允文所败。改趋扬州，为其下所弑。金兵遂自行撤退。公元一一六二年，高宗传位于孝宗。孝宗是有志于恢复的。任张俊为两淮宣抚使。张俊使李显忠等北伐，大溃于符离。公元一一六五年，和议复成。宋主称金主为伯父。岁币银、绢各减五万。地界则如前。

金世宗时，是金朝的全盛时代。当海陵时，因其大营宫室，专事征伐，弄得境内群盗蜂起，世宗为图镇压起见，乃将猛安、谋克户移入中原，夺民地以给之。于是女真人的村落，到处散布，中国人要图反抗更加不容易了。然而金朝的衰弱，亦起于此时，诸猛安、谋克人，都唯酒是务，"有一家百口，垅无一苗"的。既失其强悍之风，而又不能从事于生产，女真人就日趋没落了，然而还非宋人所能侮。

宋孝宗亦以生时传位于光宗，光宗后李氏，与孝宗不睦；光宗又有疾，因此定省之礼多阙。群臣以为好题目，群起谏诤。人心因之颇为恐慌。公元一一九四年，孝宗崩。光宗因病不能出。丞相赵汝愚，乃因门使韩侂胄，请命于高宗的皇后吴氏，请其出来主持内禅之事，光宗遂传位于宁宗。宁宗立后，韩侂胄亦想专权，而为赵汝愚所压。乃将汝愚挤去。朱熹在经筵，论其不当。侂胄遂将朱熹一并排斥。此时道学的声势正盛，侂胄因此大为清议所不与。要想立大功以恢复名誉。当光宗御宇之日，亦即金章宗即位之年。章宗初年，北边仍岁叛乱，河南、山东，又颇有荒歉。附会韩侂胄的人，就张大其词，说金势有可乘。韩侂胄信了他。暗中预备。至公元一二〇六年，遂下诏伐金。开战未几，到处皆败。襄阳、淮东西，失陷之处甚多。侂胄复阴持和议。金人复书，要斩侂胄之首。侂胄大怒，和议复绝。而宁宗的皇后杨氏，和侂胄有隙，使其兄次山和礼部侍郎史弥远密谋，诱杀侂胄，函首以畀金，和议乃成。岁币增为三十万两匹。时为公元一二〇八年。明年，金章宗死，卫绍王立，而蒙古兵亦到塞外了。

第二十二章　宋的学术思想和文艺

宋朝是一个有创辟的时代。其学术思想和文艺，都有和前人不同之处。

天下事物极必反，有汉儒的泥古，就有魏晋人的讲玄学。有佛学的偏于出世，就有宋学的反之而为入世。

宋学的巨子，当推周、程、张、朱。周子名敦颐，道州人。著有《太极图说》和《通书》。其大意，以为无极而太极。太极动而生阳，静而生阴。因其一动一静，而生五种物质，是为五行，再以此为原质，组成万物。人亦是万物之一，所以其性五端皆具。但其所受之质，不能无所偏胜，所以人之性，亦不能无所偏。当定之以仁、义、中正而主静。

张子名载，陕西郿县①横渠镇人。他把宇宙万物，看成一汇。

---

① 郿县，1964年改名眉县，今属宝鸡市。——编者注

物的成毁，就是气的聚散。由聚而散，为气的消极作用，是为鬼。由散而聚，为气的积极作用，是为神。所以鬼神就在万物的本身，而幽明只是一理。气是一种物质。各种物质相互之间，本有其好恶迎拒的。人亦气所组成，所以对于他物，亦有其好恶迎拒，此为物欲的根源。此等好恶，不必都能合理。所以张子分性为气质之性和义理之性，而说人当变化其气质。

周、张二子所发明的，都是很精妙的一元论。二程所发明，则较近于实行方面。二程是弟兄。洛阳人，大程名颢，小程名颐，大程主"识得此理，以诚敬存之"。小程则又提出格物，说"涵养须用敬，进学在致知"。

朱子名熹。他原籍婺源，而居于闽，所以周、程、张、朱之学，亦称为濂、洛、关、闽。朱子之学，是承小程之绪的。他读书极博，制行极谨严。对于宋代诸家之说，都有所批评，而能折中去取，所以称为宋学的集大成。但同时有金溪陆九渊，以朱子即物穷理之说为支离。他说心为物欲所蔽，则物理无从格起，所以主张先发人本心之明。大抵陆子之说，是为天分高，能直探本原的人说法的。朱子之说，则为天分平常，须积渐而致的人说法的。然正唯天分高，

程颢

然后逐事检点不虑其忘却本原；亦唯天分平常，必先使他心有所主。所以清代的章学诚说朱陆是千古不能无的同异，亦是千古不可无的同异。

以上所说，是宋学中最重要的几个人。此外在北宋时，还有邵雍，则其学主于术数。南宋时，张栻、吕祖谦和朱熹，同称乾淳三先生。祖谦喜讲史学。永嘉的陈傅良、叶适，永康的陈亮，都受其影响。其说较近于事功。讲宋学的人，不认为正宗。然实亦互相出入。宋学家反对释氏。他们说"释氏本心，吾徒本天"。而他们所谓天，就是理，所以其学称为理学，尊信其说的人，以为其说直接孔、孟；而孔、孟之道，则是从尧、舜、禹、汤、文、武、周公，相传下来的，所以又称为道学。后来的考据家，则谓宋学的根源，是《先天》《太极》两图；而此两图，都是出于宋初华山道士陈抟的，所以说宋学实出道家。又有因宋儒好谈心性，以为实是释氏变相的。然后一时代的学问，对于前一时代的学问，虽加反对，势不能不摄取其精华；而学问的渊源，和其后来的发展、成就，也并无多大的关系，往往有其源是一，其流则判然为二的。所以此等说，都无足计较。宋学总不失为一种独立而有特色的学术。

清代的汉学家，对于宋学，排斥颇力。其实考据之学的根源，亦是从宋代来的。宋儒中如著《困学纪闻》的王应麟，著《日钞》的黄震，都是对于考据很有功夫的。所以宋朝人对于史学，亦很有成绩。自唐以后，正史必出于合众纂修，已成通例。只有宋代，《新五代史》是欧阳修所独撰，《新唐书》为修及宋祁所合撰。虽出两人之手，亦去独撰的不远。司马光修《资治通鉴》，自战国迄于五代，为编年史中的巨著。朱子因之而作纲目，虽其编纂不如《通鉴》的完善，而其体例，则确较《通鉴》为优。袁枢又因《通鉴》而作《纪事本末》，为史书开一新体。马端临因《通典》而作《文献通考》。其事实的搜辑，实较《通典》为备，而门类的分析，亦较详。郑樵包括历代的史书而作《通志》，虽其编纂未善。然论其体例，确亦能囊括古今，删除重复的。而二十略中，尤多前人未及注意之点。此外宋朝人对于当代的史料，搜辑之富，亦为他时代所不及。而史事的考证和金石之学，亦始自宋人。

程颐

唐朝虽为古文创作时代，其实当时通行的仍是骈文。至于宋朝，则古文大盛。如欧阳修、王安石、三苏父子、曾巩等，都为极有名的作家。宋朝人的骈文，亦生动流利，和唐以前人所作，虽凝重而不免失之板滞的不同。诗亦于唐人之外别开新径。唐人善写景，宋人则善言情。比较起来，自然是唐诗含蓄而有余味。然而宋人亦可谓能开拓诗的境界，有许多在唐代不入诗的事物，至此都做入诗中了。词则宋代尤推独绝，南北宋都有名家。宋学家是讲究道理，不注重词华的。所以禅家的语录，宋学家亦盛行使用。又其时平民文学，甚为发达。说话之业甚盛。后来笔之于书，就是所谓平话体的小说了。

印刷术的发达，是推动宋代文化的巨轮。古代的文字，书之于简牍。要特别保存得长久的，则刻之于金石。不论金石和简牍，总是供人观览，而非以为摹拓之用的。汉魏的《石经》，还是如此。但是后来渐有摹拓之事。摹拓既兴，则刻之于木，自较刻之于石，为简易而省费。据明代陆深所著的《河汾燕间录》，说隋文帝开皇十年——公元五九〇年——敕天下废像遗经，悉令雕版。这是我国印刷术见于记载之始。然当隋、唐之世，印刷之事，还不盛行。所以其时的书，还多是钞本，得书尚觉艰难。至公元九〇八年，即后唐明宗长兴三年，宰相冯道、李愚，才请令国子监校正《九经》，刻板印卖。是为官家刻书之始。此后官刻和私人为流传而刻，书贾为牟利而刻的就日多。宋以后的书籍，传于世的，远非唐以前所能比，就是受印刷术发达之

朱熹

赐。活字板是宋代毕昇所创，时在仁宗庆历中——公元一〇四一至四八年——其时字以泥制。到明代，无锡华氏才改用铜制。

第二十三章　元的勃兴和各汗国的创建

当公元十三世纪之初，有一轩然大波，起于亚洲的东北方，欧、亚两洲，都受其震撼。这是什么事？这便是蒙古的兴起。

蒙古，依中国的记载，是室韦的分部。唐时，其地在望建河南。但其人自称为鞑靼。鞑靼是靺鞨别部，居于阴山的。据蒙古人自著的《元朝秘史》看起来：他始祖名孛儿帖赤那，十传而至孛儿只吉歹。孛儿只吉歹的妻，唤作忙豁勒真豁阿。

忙豁勒真豁阿，译言蒙古部的美女。我们颇疑心孛儿只吉歹是鞑靼人。因其娶蒙古部女，才和蒙古合并为一。和金朝王室的始祖，以高丽人而为生女真的完

元太祖

颜部人一样。

蒙古部落，自孛儿只吉歹之后，又十一传而至哈不勒，是为成吉思汗的曾祖，始有可汗之号。可以想见其部落的渐强。哈不勒死后，从弟俺巴孩，继为可汗。为金人所杀。部人立哈不勒子忽都剌为可汗。向金人报仇，败其兵。

忽都剌死后，蒙古无共主，复衰。成吉思汗早年，备受塔塔儿、蔑儿乞及同族泰亦赤兀诸部的龁龁[①]。后来得客列部长王罕、札答剌部长札木合为与部，乃把诸部次第打平。

此时沙漠西北的部落，以乃蛮为最强。而金朝筑长城，自河套斜向东北，直达女真旧地，使汪古部守其冲。乃蛮约汪古部同伐蒙古。汪古部长来告。成吉思汗先举兵伐乃蛮，破之。公元一二〇六年，漠南北诸部，遂大会于斡难木涟之源，公上成吉思汗的尊号。

成吉思汗既即汗位，其目光所注，实在中原。于是于公元一二一〇年，伐夏。夏人降。明年，成吉思汗遂伐金。此时金朝的兵力，业已腐败。加以这一次，汪古与蒙古言和，放其入长城，出其不意。于是金兵四十万，大败于会河堡。蒙古兵遂入居庸关，薄燕京。明年，成吉思汗再伐金。留兵围燕京。自将下山东。分兵攻河东和辽西。到处残破，黄河以北，其势就不可守了。

此时金人已弑卫绍王，立宣宗。成吉思汗还兵，屯燕城北。金人妻以卫绍王之女请和。蒙古兵已退，金宣宗迁都于汴。成吉

①龁龁（yǐ hé），原意为咬，这里可引申为欺负或侵略。——编者注

思汗说他既和而又迁都，有不信之心。再发兵陷燕京。此时金人的形势，本已岌岌待亡，因成吉思汗有事于西域，乃又得苟延残喘。

成吉思汗的西征，是花剌子模国的骄将所引起的。先是唐中叶以后，大食强盛，葱岭以西诸国，悉为所并。然不及三百年，威权渐替。东方诸酋，多据地自擅，其间朝代的改变甚多。当辽朝灭亡时，雄视西亚的塞而柱克朝已衰，花剌子模渐盛。辽朝的宗室耶律大石，逃到唐朝的北庭都护府，会合十八部王众，选其精锐而西。遂灭塞而柱克，服花剌子模。立国于吹河流域的虎思斡耳朵，是为西辽。乃蛮既亡，其酋长太阳罕的儿子古出鲁克，逃到西辽。和花剌子模王阿拉哀丁·谟罕默德内外合谋，篡西辽王之位。于是乃蛮复立国于西方，而花剌子模亦乘机拓土，成为西方的大国。这时候，雄张于西域的，实在仍是回族。成吉思汗既定漠南北，在天山北路的畏吾儿和其西的哈剌鲁都来降。蒙古和西域交通的孔道遂开。

花剌子模王有兵四十万，都是康里人。王母亦康里部酋之女。将士恃王母而骄恣，王母亦因举国的兵，都是其母族人，其权之大与王埒。所以国虽大而其本不固。成吉思汗既侵入中原，古出鲁克和前此逃往西域的蔑儿乞酋长忽秃，都乘机谋复故地。成吉思汗怕漠北根本之地，或有摇动。乃于公元一二一六年北还。命速不台打平忽秃，哲别打平古出鲁克。于是蒙古的疆域就和花剌子模直接。成吉思汗因商人以修好于花剌子模，花剌子模王也已应允了。未几，蒙古人四百余，随西域商人西行。花剌子模讹打剌城的镇将，指为蒙古间谍，把他尽数杀掉。其中只有一个人，得逃归报信。成吉思汗闻之，大怒，而西征的兵遂起。

成吉思汗的西征，时在公元一二一九年。先打破讹打剌和花剌子模的都城寻思干，花剌子模王遁走。成吉思汗命哲别、速不台追击。王辗转逃入里海中的小岛而死。其子札剌哀丁逃到哥疾宁，成吉思汗自将追之。破其兵于印度河边。乃东归。

元太宗

时在公元一二二二年。哲别、速不台二将的兵，别绕里海，越高喀斯山败阿速、撒耳柯思和钦察的兵。钦察的酋长逃到阿罗思。二将追击。阿罗恩人举兵拒敌，战于孩儿桑。阿罗思大败。亡其六王七十侯，兵士死掉十分之九。列城都没有守备，只待蒙古兵到迎降。而二将不复深入，但平康里而还。

成吉思汗东归后，于公元一二二七年，再伐西夏，未克而殂，遗命秘不发丧。夏人乃降。公元一二二九年，太宗立，再伐金。金人从南迁后，尽把河北的猛安谋克户，调到河南。又夺人民之地以给之。人民怨入骨髓，而这些猛安谋克户，既不能耕，又不能战，国势益形衰弱。于是宋人乘机，罢其岁币。金人想用兵力胁取，又和夏人因疆场细故失和，三方都开了兵衅。国力愈觉不支。到公元一二二五年，宣宗殂，哀宗立，才和夏人以兄弟之国成和，而对于宋朝的和议，则叫始终不能成就。

当成吉思汗西征时，拜木华黎为太师国王，命其经略太行以南。这时候，蒙古兵力较薄，在金人，实在是个恢复的好机会。然而金人亦不能振作。仅聚精兵二十万，从邸州到潼关，列成一道防线。太宗因此线不易突破，乃使拖雷假道于宋，宋人不允，拖雷遂强行通过。从汉中历襄、邓而北，与金兵战于三峰山，金兵大败。良将，锐卒都尽。太宗又自白坡渡河，命速不合将汴京围起，攻击十六昼夜，因金人守御坚，不能破，乃退兵议和。而金朝的兵，又逞血气之勇，把蒙古使者杀掉，和议复绝。汴京饥窘不能立。金哀宗乃自将出攻河北的卫州，想从死里求生，又不克，乃南走蔡州。而宋人此时，又袭约金攻辽的故智，和蒙古人联合以攻金，金人遂亡。时在公元一二三四年。

约元攻金，是袭约金攻辽的故智，而其轻于启衅，亦是后先一辙的。金宣宗死的明年，宋宁宗也死了。宁宗无子，史弥远援立理宗，因此专横弥甚。弥远死后，贾似道又继之。

贾似道的为人，看似才气横溢，实则虚浮不实，专好播弄小手段，朝政愈坏。灭金之后，武人赵葵、赵苑等，创议收复三京，宰相郑清之主之。遣兵北侵。入汴、洛而不能守，却因此和蒙古启了兵衅。川、楚、江淮，州郡失陷多处。这时候是蒙古太宗时代，还未专力于攻宋。公元一二四一年，太宗死了。到公元一二四六年，定宗才立。又因多病，不过三年而殂。所以此时，宋人还得偷安旦夕。

公元一二五一年，蒙古宪宗立。命弟阿里不哥留守漠北，忽必烈专制漠南。公元一二五八年，宪宗大举入蜀，围合州。先是忽必烈总兵自河洮入吐蕃，平大理。留兀良合台经略南方而北还。及是，忽必烈亦自河南南下，围鄂州。兀良合台又出广西、湖南，和他会合。贾似道督兵援鄂，不敢战，遣使于忽必烈，约称臣，输岁币，划江为界以请和。适会蒙古宪宗死于合州城下，忽必烈急于要争夺汗位，乃许宋议和而还。贾似道却讳其和议，以大捷闻于朝。

明年，忽必烈自立，是为元世祖。时世祖以各方面多故，颇想与宋言和，而贾似道因讳和为胜之故，凡元使来的，都把他拘囚起来。

公元一二六四年，元世祖迁都于燕。明年，理宗崩，度宗立。此时元人尚未能专力攻宋，而宋将刘整，因与贾似道不合，叛降元，劝元人专力攻襄阳。公元一二六八年，元人就把襄阳围起。围经六年，宋人竟不能救。公元一二七三年，襄阳陷落，宋势遂危如累卵。公元一二七四年，理宗崩，恭帝立。年幼，太后谢氏临朝。元使伯颜总诸军入寇。伯颜分兵平两湖。自将大军，长驱东下。陷建康。公元一二七六年，临安陷。太后及恭帝皆北狩。宋故相陈宜中等立益王于福州。旋为元兵所逼，走惠州。后崩于硇洲。宋人又立其弟卫王，迁于崖

元世祖

山。公元一二七九年，元将张宏范来攻。宋宰相陆秀夫，负帝赴海而死。大将张世杰收兵到海陵山，亦舟覆而死。

中国至此，遂整个为蒙古所征服。汉族武力之不竞，至此可谓达于极点了。

蒙古不但征服中国，当太宗时，又尝继续遣兵西征。再破钦察，入阿罗思。遂进规孛烈儿和马札剌。入派特斯城。西抵威尼斯。欧洲全境震动，会太宗凶问至，乃班师。宪宗时，又遣兵下木剌夷，平报达。渡海收富浪岛。当金末，辽东和高丽之间，叛乱蜂起。蒙古因遣兵平定，和高丽的兵相遇，约为兄弟之国。后来蒙古使者，为盗所杀，蒙人疑为高丽人所为，两国遂起兵衅。直至公元一二五九年，和议才成。高丽内政，自此常受元人的干涉。甚至废其国王而立征东行省于其地。对于南方，则兀良合台尝用兵于安南。其后世祖时，又尝用兵于安南、占城及缅，都不甚利。然诸国亦都通朝贡。对于南洋，曾一用兵于爪哇，其余招致而来的国亦颇多。唯用兵于日本，最为不利。世祖先命高丽人往招日本，后又自遣使往招，日本都不应。公元一二七四年，遣忻都往征，拔对马，陷壹歧，掠肥前沿海。以飓风起而还。公元一二八一年，再遣忻都、范文虎率兵二十万东征。兵至鹰岛，以"飓征"见，文虎等择坚舰先走。余众遂多为日人所杀。世祖大怒，更谋再举，以正用兵安南，遂未果。以当日蒙古的兵力，实足以踏平日本而有余，乃因隔海之故，致遭挫衄[1]，在日本，亦可谓之遭值天幸了。

---

① 挫衄（nǜ），挫折，失败。——编者注

综观蒙古用兵，唯对于东南两方，小有不利，其余则可谓所向无前。这也是遭际时会，适逢其时各方面都无强国之故。蒙古是行封建之制的，而成吉思汗四子，分地尤大。因为蒙人有幼子袭产的习惯，所以把和林旧业，分与第四子拖雷。此外长子术赤，则分得花剌子模、康里、钦察之地。三子窝阔台，即太宗，则分得乃蛮故地。二子察合台，则分得西辽故地。其后西域直到宪宗之世，才全行戡定。其定西北诸部，功出于术赤之子拔都，而定西南诸部，则功出于拖雷之子旭烈兀。所以术赤分地，拔都之后，为其共主。伊兰高原，则旭烈兀之后君临之。西史所谓窝阔台汗国，就是太宗之后。察合台汗国，是察合台之后。钦察汗国，是拔都之后。伊儿汗国，是旭烈兀之后。总而言之，世祖灭宋之日，就是元朝最盛之时。然而其分裂，也就于此时开始了。

第二十四章　元帝国的瓦解

　　元朝从太祖称汗，到世祖灭宋，其间不过七十四年，而造成一个空前的大帝国，其兴起可谓骤了。然而其大帝国的瓦解，实起于世祖自立之时。上距太祖称汗之岁，不过五十五年。而其在中国政府颠覆，时在公元一三六八年，上距太祖称汗之岁，亦不过一百七十一年；其距世祖灭宋，则不过九十年而已。为什么瓦解得这么快？

　　原来元朝人既不懂得治中国之法，而其自身又有弱点。蒙古人的汗，本系由部众公推的。忽图剌之立，便系如此。太祖之称成吉思汗，则是汉南北诸部的大汗，亦系由诸部公推。太祖以后，虽然奇渥温氏一族，声势煊赫，推举大汗，断无舍太祖之后而他求之理。然而公举之法，总是不能遽废的。所以每当立君之际，必须开一"忽烈而台"。宗王、驸马和诸管兵的官，都得与议。太宗之立，因有成吉思汗的遗言，所以未有异议。太宗死后，太宗的后人和拖雷的后人，已有竞争。定宗幸而得立。又因多病，三年而死。这竞争便更激烈起来。太宗后人，多不惬众望；而拖雷之妃，很有交际的手腕，能和宗王中最有声望的拔都相结。宪宗遂获登大位。太宗之孙失烈门等谋叛，为宪宗所杀。并杀太宗用事大臣，夺太宗后王兵柄。蒙古本族的裂痕，实起于此。

宪宗死后，世祖手下汉人和西域人多了，就竟不待忽烈而台的推戴，自立于现在的多伦。于是阿里不哥亦自立于漠北。拖雷后人之中，又起了纷争。后来阿里不哥总算给世祖打败。而太宗之孙海都，复自擅于远。察合台、钦察两汗国都附和他。蒙古大帝国，遂成瓦解之势。

因海都的抗命，于是常须派亲王宿将镇守和林。世祖是用汉法立太子的，而又早死。其时成宗戍守北边。世祖死后，伯颜以宿将重臣归附成宗，所以未曾有乱。成宗既立，武宗继防北边。成宗死后，皇后伯岳吾氏，要立安西王阿难答。而右丞相哈剌哈孙，要立武宗。因为武宗在远，先使人迎其弟仁宗于怀州，监国以待。武宗既至，杀安西王，弑伯岳吾后而自立。武宗以仁宗为太子。武宗死后，仁宗继之。却自立其子英宗为太子，而出武宗之子明宗于云南。其臣奉之奔阿尔泰山，依察合台后王。

仁宗死，英宗立。为奸臣铁木迭儿所弑。无子。泰定帝立。死于上都。子天顺帝立。签密院燕帖木儿，迫胁大都百官，迎立武宗之子。于是抄袭武宗的老文章，一面先使人迎文宗于江陵，先即皇位。发兵陷上都。天顺帝不知所终。明宗至漠南，即位。文宗和燕帖木儿入见，明宗暴死。文宗再即位。然而心不自安。

遗命必立明宗之子。文宗死后，燕帖木儿要立其子燕帖古思。文
宗皇后翁吉剌氏不肯。于是先迎立宁宗。数月而死。燕帖木儿又
要立燕帖古思。翁吉剌氏仍不肯。乃再迎顺帝。顺帝既至，燕帖
木儿不让他即位。迁延数月，恰好燕帖木儿死了，顺帝乃得立。
既立之后，追治明宗暴死故事。毁文宗庙主。流翁吉剌氏和燕帖
古思于高丽，都死在路上。

如此，每当继承之际，必有争乱，奸臣因之擅政，政治自

然不会清明的。况且蒙古人本也不知道治中国之法。他无非想朘削①中国人以自利。试看他户、工二部，设官最多，便可见其一斑。其用人，则宿卫勋臣之家，以及君主的嬖幸、诸王公主的私属，都得以平流而进。真是所谓"仕进有多途，铨衡无定法"。再加以散居各处的蒙古、色目人对于汉人的凌侮，喇嘛教僧侣的骚扰，自然弄得不成个世界了。

元代之主，唯世祖最为聪明，颇能登用人才，改定制度，然亦好用言利之臣。后来则唯仁宗以李孟为相，政治稍见清明。此外大都仍是游牧部落酋长的性质，全不了解中国文化的——元代诸主，大都不认得汉字的——而又都运祚短促。在位长久的，世祖而外，唯有顺帝，而其荒淫又特甚。客帝的宝位，自然要坐不住了。

元朝当世祖时，江南还屡有叛乱，后来才逐渐镇定。顺帝初年，反者屡起。然尚未为大患。至公元一三四八年，方国珍起兵于台州，元朝就不能戡定。于是白莲教徒刘福通，起兵安丰，奉教主之子韩林儿为主。李二起于徐州。徐寿辉起于湖北。郭子兴起于濠州。张士诚起于高邮。长江流域，几于非元所有。

顺帝既荒淫无度，其臣脱脱、太平、韩嘉纳等，因而结党相争。嬖臣哈麻、雪雪，初和脱脱相结，后又变而互排。南方乱起，脱脱的兄弟也先铁木儿带兵去征讨，连年无功，反大溃于沙河，军资器械，丧失殆尽。脱脱不得已，自出督师。已把李二打平，

---

①　朘（juān）削，即剥削。——编者注

进围张士诚。而二人把他排掉。于是大局愈坏。革命军之中，气势最盛的，要算刘福通。居然于公元一三五八年，分兵三道北上。自挟韩林儿陷开封。但元朝的兵虽无用，而其时，有起兵河南，护卫元朝的察罕帖木儿和李思齐，则颇有能力。刘福通攻陕西的兵，给他们打败。回兵再救山东。刘福通的将，遣人把察罕刺死。其子库库帖木儿，代将其军，到底把山东也打平。刘福通还有一支兵，北出晋冀的，虽然打破上都，直攻到辽东，也终于破散了。福通在开封站不住，只得走回安丰。革命军的势力又一挫。然而驻扎大同的孛罗帖木儿，先已因图据冀宁之故，和察罕相攻。至此，仍与库库构兵不止。

顺帝次后奇氏，生太子爱猷识里达腊。后及太子，都阴谋内禅。哈麻、雪雪，亦与其谋。事发，二人都杖死。然宰相搠思监，仍系因谄事奇后的阉人朴不花而得的。搠思监和御史大夫老的沙不协，因太子言于顺帝，免其职。老的沙奔大同。搠思监遂诬孛罗谋反。孛罗举兵犯阙。杀搠思监和朴不花。

太子奔库库。库库奉以还京。此时孛罗已给顺帝遣人刺死。而奇后又要使库库以兵力胁顺帝内禅。库库不可。顺帝封库库为河南王。命其总统诸军，进平南方。李思齐自以和察罕同起兵，耻受库库节制，和陕西参政张良弼连兵攻库库。库库之将貊高、关保，亦叛库库。于是下诏削库库官爵，命太子总统天下兵马讨之。未几，明兵北上，又复库库官爵，叫他出兵抵抗，然而已来不及了。

明太祖朱元璋，初从郭子兴起兵。后自为一军，渡江，取集庆。时徐寿辉为其将陈友谅所杀，据江西、湖北，形势最强。而张士诚徙治平江，亦在肘腋之下。太祖先后把他打定。又降方国珍。公元一三六八年，乘北方的扰乱，命徐达、常遇春分道北伐。达自河南，遇春自山东，两道并进。会于德州。北扼直沽。顺帝遂弃大都而去。于是命徐达下太原，乘胜定秦陇。库库逃奔和林。顺帝匿居上都，太祖命常遇春追击。顺帝又逃到应昌。未几而死。太祖再命李文忠出击。爱猷识里达腊逃奔和林，未几亦死。子脱古思帖木儿袭。时元臣纳哈出，尚据辽东。

公元一三八七年，太祖命蓝玉等把他讨平。乘胜袭破脱古思帖木儿于捕鲁儿海。脱古思帖木儿北走，为其下所弑。其后五传都遇弑。蒙古大汗的统绪，就此中绝了。元朝分封诸王，大都不能自振。唯梁王把匝剌瓦尔密，据云南不降。太祖当出兵北伐之时，即已分兵平定闽、广。徐寿辉死后，其将明玉珍，据四川自立，传子升，亦为太祖打平。公元一三八一年，又遣兵平云南。南方亦都平定。

第二十五章　明初的政局

明朝虽然驱逐胡元，把中国恢复过来，然而论其一代的政治，清明的时候，却是很少的。这个推原其始，亦可说是由于太祖诒谋之不臧。

太祖初定天下，即下诏禁止胡服胡语，把腥膻之俗扫除。所定制度，亦颇详备。边防的规模，亦是很远的。然而专制

明太祖

的气焰太盛，私天下之心又太重。只要看其废除宰相，加重御史之权，及其所定的兵制，就可知道了。而其贻害尤巨的，则为封建之制。

太祖定都金陵，称为应天府。以开封为北京。又择名城大都，

分封诸子，共计二十五人。虽定制不许干预政治，然而体制崇隆，又各设有卫兵，在地方政治上，总觉得不便。而燕王棣在北平，晋王在太原，均得节制诸将，威权尤重。太祖太子早死，立建文帝为太孙。太祖崩，建文帝立。用齐泰、黄子澄之谋，以法绳诸王。燕王就举兵反。太祖时，功臣宿将，杀戮殆尽。这时候，更无能够抵御的人。燕兵遂陷京城。建文帝不知所终。燕王即位，是为成祖。改北平为北京，于公元一四二一年迁都。

　　成祖是个暴虐的人，当其破南京时，于建文诸臣，杀戮甚惨。后来想迁都北京，营建宫室，又极扰累。在位时，北征鞑靼、瓦剌，南平安南，又遣郑和下南洋，武功亦似乎很盛的。然而太祖时所定北边的防线，到成祖时，规模反缩小了。原来明初北边的第一道防线，是开平卫。这就是元朝的上都。据此，则可以俯临漠南，宣、大都晏然无事了。后来元朝的大宁路来降，又设泰宁、朵颜、福余三卫。其地直抵今吉林境。都隶北平行都司。使宁王权居大宁以节制之。明朝这时候，东北方的防线，实在超越辽河，而达到现在的松花江流域。所以对于女真人，威力所至，亦极远。公元一四〇九年所设的奴儿干都司，远至黑龙江口，库页岛亦来臣服。成祖起兵，怕宁王议其后，诱而执之，而徙北平行都司于保定。把三卫地方，给了兀良哈。开平卫的形势就孤了。公元一四二四年，成祖崩，仁宗立。在位仅一年。宣宗继立。就徙开平卫于独石。于是宣、大的形势赤露，而兀良哈为瓦剌所胁服，其势愈张。遂有土木之变。

　　明太祖定制，内侍本不许读书。成祖起兵，颇得阉人内应之力。

即位后，就选官入内教习。又设京营提督，使之监军。又命随诸将出镇。并有奉使外国的。当太祖时，以锦衣卫治诏狱，本已轶出正式司法机关之外。成祖又立东厂。以司侦缉，亦命宦官主其事。于是自平民以至官吏，无不在宦官伺察之中。终明之世，毒害所及，真乃不知凡几。宣宗崩后，英宗即位。年幼，宠信司礼太监王振。此时瓦剌强盛，王振不度德、不量力，轻与挑衅。瓦剌酋长也先入寇，王振又劝帝亲征。至大同，知不敌，急班师。又因振家在蔚州，想邀英宗临幸，定计走紫荆关，后来又变计走居庸关。回旋之间，遂为敌兵追及于土木堡。英宗北狩。振死于乱军之中。警报达京师，议论蜂起。侍讲徐有贞等主张迁都。侍郎于谦则主张坚守。到底于谦一派战胜了。于是以太后之命，奉英宗的兄弟王监国。旋即位，是为景帝。尊英宗为太上皇。也先挟太上皇，自紫荆关入攻京城。于谦督总兵石亨等力战，总算把他击退。谦乃整顿边备，以重兵守大同、宣府。也先屡入寇，总不得志，乃奉太上皇还。

这是明人一天之喜。君主被掳，仍能安稳归来，和西晋、北宋，可谓大不相同了。然而政变即因此而起。徐有贞因于谦有功，自觉惭愧。石亨亦因恃功骄恣，为谦所裁抑，内怀怨望。乃和太监曹吉祥等结托，乘景帝卧病，以兵闯入宫中，迎接太上皇复位。是为"夺门"之变。于谦被杀。有贞旋为石亨所排挤，贬死。亨又以谋反伏诛。英宗复辟之后，亦无善政。死后，宪宗立。宠任太监汪直。于东厂之外，别立西厂，使直主其事。宪宗崩，孝宗立。任用刘健、谢迁、李东阳等，政治总算清明。宪宗之后，武宗继之。

则其荒淫，又较前此诸君为甚。
初宠东宫旧竖刘瑾，日事游戏。
别立内厂，使瑾主其事，并东
西厂亦在监察之中。武宗坐朝，
有人投匿名书于路旁，数瑾罪
恶。瑾便矫诏，诏百官三百余人，
跪在午门外，加以诘责。至于
半日之久，然后把他们送入狱
中。其专横如此，朝臣自然无
从举发他的罪恶了。后来安化
王寅鐇，反于宁夏。都御史杨

明成祖

一清，前往征讨，把他打平。凯旋之日，杨一清劝监军太监张永，
举发刘瑾罪恶。武宗才算省悟，把他除掉。又有个大同游击江彬，
交结内监家奴，以蹴鞠侍帝。导帝出游宣、大、延、绥等处。于
是人心惶惶。宁王宸濠，又因此反于南昌。幸得南赣巡抚王守仁，
起兵蹑其后，总算一战而平。武宗却又借亲征为名，出游江南而还。
此时畿南、山东，盗贼横行，连年不得平定。其不至于土崩瓦解，
只算侥幸罢了。公元一五二一年，武宗崩。无子，世宗入继大统。
世宗颇知学问，性质亦近于严厉。驾驭宦官颇严。明自中叶以后，
宦官的敛迹，无过于世宗时的。然严而不明。中年以后，又溺于
神仙，不问政事。严嵩因之，盗窃朝权，一味蒙蔽。内政既坏，
外患又深。明朝遂几成不可收拾之局了。

第二十六章　明末的政局

　　明朝当世宗之时，万事废弛，本已成不能复振之局。世宗崩后，穆宗立，在位六年而崩。神宗立。时为公元一五七二年。穆宗时，张居正、高拱，相继为相。神宗立，年幼，拱复罢，居正辅政。居正有综核之才。史称其当国之时，一纸文书，"虽万里之外，无敢不奉行

明神宗

维谨"的。当时吏治败坏，又承累朝的奢侈，国计民生，均极困难，居正乃裁减用度，刷新庶政。"行官吏久任之法，严州县讳盗之诛。"在相位十年，颇有"起衰振敝"之效。然神宗本性是昏惰的。所以自居正死后，纲纪便又废弛了。而中年后的怠荒，尤为前此列朝所未有。

明朝的君主，视朝本不甚勤谨的。神宗则中年以后，不视朝者至二十余年。专一听信中官。派他们出去做税使，并到各处开矿，借端诬索，毒流天下。皇帝既不管事，群臣就结党相攻。而言路一攻，其人即自去，于是言路之权反重。明朝人本来和宋朝人一样，喜欢争意气的。当时顾宪成等讲学于无锡的东林书院。往往讽议执政，裁量人物。即朝士亦有遥相附和的。于是党祸复起。

清室之先，就是隋唐时的白山靺鞨。辽时，谓之长白山女真。清人自谓国号满洲。据近人所考证，则"满洲"二字，明人写作满住，乃大酋之称，不徒非国名，并非部族之名。清室之先，实在是明朝的建州女真。明朝分女真为三卫：曰海西，在今吉林的西部，辽宁的西北部。曰野人，在今吉、黑两省的极东。曰建州，初设于朝鲜会宁府的河谷。时在公元一四一二年。受职为指挥使的，名猛哥帖木儿，即清人所谓肇祖。后为七姓野人所杀。弟凡察嗣职，迁居佟佳江流域。后来猛哥帖木儿的儿子董山出来，和凡察争印。明朝乃将建州分为左右二卫，以董山为左卫，凡察为右卫指挥使。董山渐渐桀骜。公元一四六六年，明朝檄调他到广宁，把他杀掉。并出兵攻破其部落。部人拥戴其子脱罗扰边，声言复仇。久之，也就寂然了。于是左卫衰而右卫盛。右卫酋长王杲，其地在今宽甸附近。为李成梁所破。

努尔哈赤

逃到扈伦四部中之哈达。据《清实录》所载，当时的女真，分为满洲、长白山、扈伦、东海四大部。满洲、长白山，就是明朝的建州卫。东海为明朝的野人卫。扈伦则野人部落，南迁而据海西之地的。其中哈达、叶赫，明人称为南北关，倚以捍边，视之尤重。王杲逃到哈达后，哈达酋长把他执送李成梁。李成梁把他杀掉。王杲的儿子阿台，是清景祖的孙婿。景祖，《清实录》名觉昌安，明人谓之叫场，即清太祖之祖。其第四子显祖塔克世，明人谓之他失，为太祖之父。阿台既抱杀父之怨，助叶赫以攻哈达。满洲的苏克苏浒部长尼堪外兰，为李成梁乡导，以攻阿台。阿台被杀。叫场、他失亦俱死。清太祖向明边吏呼冤，明人乃将叫场、他失的尸体还给他。此时清太祖势甚微弱。至公元一五八三年，乃起兵以攻尼堪外兰。公元一五八六年，尼堪外兰奔明边。明人非但不加保护，反把他执付清太祖。并开抚顺、清河、宽甸、叆阳四关，许他互市。从此满洲就渐渐强盛起来了。清人既渐强，满洲五部，都为所征服。扈伦、长白山联合蒙古的科尔沁等部来伐，亦为清太祖所败。太祖又联合叶赫，以灭哈达。至公元一六一六年，遂起兵叛明。

清兵既起，明以杨镐为经略，发大兵二十万，分四路东征。三路皆败。清人遂陷铁岭，进灭叶赫。明以熊廷弼为经略。旋代以袁应泰。应泰有吏材，无将略，辽、沈遂陷。清太祖自赫图阿拉迁居辽阳。公元一六二五年，又迁居沈阳。俨然和明朝对抗了。

边事如此，而明朝方忙于三案之争。东林、非东林，互相攻击。熹宗时，非东林党人结中官魏忠贤，把东林党人一网打尽。忠贤的骄横，尤其前此宦官所未有。直到公元一六二七年，毅宗即位，才把他除掉。然而外患未平，流寇复起，终于不能支持了。

流寇是毅宗初年，起于陕西的。流入山西。又流入河北。渡河，犯潮广、四川、襄郧。明朝命陈奇瑜督剿。公元一六三四年，奇瑜蹙贼于车厢峡。贼势业已穷蹙，而奇瑜信其伪降，受之，贼出峡即大掠。于是分为两股：一为高迎祥、李自成。一为张献忠。四处流窜。公元一六三六年，迎祥为孙传庭所擒，自成逃向甘肃。献忠亦给卢象昇打败，诣湖北伪降。贼势又已衰挫。而满洲又于此时入犯，诸将都撤兵东援，贼势遂复炽。

明光宗

明自辽、沈陷后，再起熊廷弼为经略。因为广宁巡抚王化贞所掣肘，计不得行。辽西城堡多陷。明逮廷弼、化贞，俱论死。以王在晋为经略。在晋主守山海关。时袁崇焕以金事监军关外，主张守宁远。大学士孙承宗是崇焕议。乃罢在晋，代以承宗。旋又代以高第。第性恇怯，尽撤守备入关。崇焕誓以死守宁远。公元一六二六年，清太祖见明大兵已撤，以为机有可乘，自将攻宁远。大败，受伤而死。太宗立。先定朝鲜。还攻宁远、锦州，又大败。公元一六二九年，太宗乃避正面，自喜峰口入长城。崇焕亦兼程入援。两军大战，胜负未分。先是崇焕以皮岛守将毛文龙跋扈，借阅兵为名，把他杀掉。毅宗虽加抚慰，实则不能无疑。至是，清人纵反间之计，毅宗遂将袁崇焕下狱杀掉。于是边事愈坏。毛文龙死后，其部将孔有德、耿仲明等逃到登州。后来造反，给官军打败，浮海降清。引清兵攻陷广鹿岛。守将尚可喜降。皮岛亦陷。明人前此，常借海军势力，牵制辽东，至此亦消灭了。然而辽西兵力还厚。太宗乃仍绕道长城各口，于公元一六三六、公元一六三八、公元一六四〇等年，入犯京畿，蹂躏山东。明朝剿匪的兵事，因此大受牵制。公元一六四〇年，清兵大举攻锦州。明蓟辽总督洪承畴往援，战于松山，大败。明年，松山破，承畴降。锦州亦陷。于是关外重镇，只有一个宁远了。然而明兵塞住山海关，清人还不敢深入。

袁崇焕

李自成、张献忠再叛之后，献忠窜入四川，自成则再攻河南。是时，河南大饥，民从之者如流水，势遂大炽。公元一六四三年，自成陷西安。明年，称帝。东陷太原。分兵出真定，而自率大兵陷大同。遂陷宣府，自居庸关陷京师。毅宗自缢死。毅宗死的前一年，清太宗也死了。子世祖立，年才六岁，郑亲王济尔哈朗、睿亲王多尔衮同摄政。明山海关守将吴三桂，闻京城被围，发兵入援。至丰润，京城已陷。李自成招他投降，三桂已经答应了。后闻爱妾陈沅被掠，大怒，走回降清。多尔衮方略地关外，闻之，大喜，疾驰受其降。合兵打破李自成。自成逃回陕西。清兵遂入北京，世祖即迁都关内。

第二十七章　元明的学术思想和文艺

元明的学术思想，是承宋人之流的。在当时，占思想界的重心的，自然还是理学。理学是起于北方的。然自南宋以后，转盛行于南方，北方知道的很少。自元得赵复后，其说乃渐行于北。元时，许衡、姚枢等，都号为名儒，大抵是程朱一派。只有一个吴澄，是想调和朱陆的。明初，也还是如此。到公元十五六世纪之间，王守仁出，而风气才一变。

王守仁

王守仁之说，是承陆九渊之绪，而又将他发挥光大的。所以后来的人，亦把他和九渊并称，谓之陆王，和程朱相对待。守仁之说，以心之灵明为知。为人人所同具。无论如何昏蔽，不能没有存在的。此知是生来就有的，无待于学，所以谓之良知。人人皆有良知，故无不知是非之理。但这所谓知，并非如寻常人所谓知，专属于知识方面。"如恶恶臭，如好好色"，知其恶，自然就恶，知其善，自然就好。绝非先知其恶，再立一个心去恶；先知其好，再立一个心去好的。好之深，自然欲不做而不能自已。恶之甚，自然万不肯去做。所以说"知而不行，只是未知"，所以说知行合一。既然知行就是一事，所以人只要在这知上用功夫，就一切问题都解决了。时时提醒良知，遵照它的指示做：莫要由它昏蔽，这个便是致良知。如此，凭你在"事上磨炼"也好，"静处体悟"也好。简单直接，一了百了。这真是理学中最后最透彻之说，几经进化，然后悟出来的。

讲理学的人，本来并没有教人以空疏。但是人心不能无所偏重。重于内的，必轻于外。讲理学的人，处处在自己身心上检点，自然在学问和应事上，不免要抛荒些，就有迂阔和空疏之弊。程朱一派，注意于行为，虽然迂阔空疏，总还不失为谨愿之士。王学注重于一心——在理学之中，王学亦称为心学——聪明的人，就不免有猖狂妄行之弊。本来猖狂的人，也有依附进去的。其末流流弊就大著。于是社会上渐渐有厌弃心学，并有厌弃理学的倾向。但这所谓厌弃，并不是一概排斥，不过取其长，弃其短罢了。在明末，顾炎武、黄宗羲、王夫之三先生，最可以为其代表。

这三位先生，顾王两先生，是讲程朱之学的。黄先生则是讲陆王之学的。他们读书都极博，考证都极精，而且都留意于经世致用，制行又都极谨严，和向来空疏、迂阔、猖狂的人，刚刚一个相反。中国自秦汉以后，两千年来，一切事都是因任自然，并没加以人为的改造。自然有许多积弊。平时不觉得，到内忧外患交迫之日，就一一暴露出来了。

自五代以后，契丹、女真、蒙古，迭起而侵略中国。明朝虽一度恢复，及其末造，则眼看着满洲人又要打进来。反观国内，则朝政日非，民生日困，风俗薄恶，寇盗纵横，在在都觉得相沿的治法，有破产的倾向。稍一深思熟虑，自知政治上、社会上都须加一个根本的改造。三先生的学问，都注意到这一方面的。黄先生的《明夷待访录》，对于君主专制政体，从根本上下攻击。王先生的《黄书》，这种意见也很多。顾先生的《日知录》，研究风俗升降、政治利弊，亦自信为有王者起，必来取法之书。这断非小儒呫哔①，所能望其项背。后来清朝人的学问，只讲得考据一方面，实不足以继承三先生的学风。向来讲学术的人，都把明末诸儒和清代的考证学家，列在一处，这实在不合事实，不但非诸先生之志而已。

讲到文艺，元明人的诗文，亦不过承唐宋之流，无甚特色。其最发达的，要算戏曲。古代的优伶，多以打诨、取笑为事。间或意存讽谏，饰作古人，亦不可谓之扮演。扮演之事，唯百戏中有之。如《西京赋》叙述《平乐观》角觗，说"女娲坐而清歌，

---

① 呫哔（tiè bì），诵读。——编者注

洪崖立而指挥"之类。然而不兼歌舞。南北朝时,兰陵王入阵曲、踏谣娘等,才于歌舞之中带演故事。然还不是代言体。宋时的词,始有叙事的,谓之传踏。后来又有诸宫体。

至于元代的曲,则多为代言体。演技者口中所歌,就作为其所饰的人所说的话,其动作,亦作为所饰的人的表情。就成为现在的戏剧了。戏剧初起时,北方用弦索,南方用箫笛。明时,魏良辅再加改革,遂成为今日的昆曲。此外说话之业,虽盛于宋。然其笔之于书,而成为平话体小说,则亦以元明时代为多。总而言之,这一个时代,可以算得一个平民文学发达的时代。

第四编

近代史

第一章　清初的内政

　　清朝的盛衰，当以乾隆时为关键。从世祖入关，到三藩平定，这四十年，算是清朝开创之期。自此至雍正之末，五十余年，为乾隆一朝，表面上看似极盛，实则衰机潜伏于其中。至其末年，内乱一起，就步步入于否运了。

　　清朝的初起，和辽金元情形，又微有不同。辽、金、元初起时，都不甚了解中国的情形。清朝则未入关时，已颇能译汉书、用汉

顺治帝

人了。当太祖之时，憎恶汉人颇甚，当时俘获汉人，都发给满人为奴。尤其是读书人，得者辄杀。到太宗时，才知道欲成大业，单靠

满洲人，是不行的。所俘汉人，都编为民户，令其与旗人分居，且另选汉官治理。对于读书人，则加以考试。录取的或减免差徭，赏给布帛。于明朝的降臣、降将，尤其重视。清朝当日的创业，和一班投效的汉人，如范文程、洪承畴、吴三桂等，确是很有关系的。

但是其了解中国深者，其猾夏亦甚。所以清朝的对待汉人，又非辽、金、元之比。即如剃发一事，历代北族，没有敢强行之于全中国的。清朝则以此为摧挫中国民族性的一种手段，厉行得非常厉害。入关之后，籍没明朝公、侯、伯、驸马、皇亲的田。又圈占民地，以给旗人。也是很大的虐政。而用兵之际，杀戮尤甚。读从前人所著的《嘉定屠城》《扬州十日》等记，就可以见其一斑了。

北族的政治，演进不如中国之深。所以其天泽之分，也不如中国之严，继嗣之际，往往引起争乱。清朝也未能免此。当太祖死时，其次子代善，五子莽古尔泰和太祖弟舒尔哈齐之子阿敏，还是和太宗同受朝拜，并称为四贝勒的。后来莽古尔泰和阿敏，次第给太宗除去了。代善是个武夫，不能和太宗争权。所以在关外之时，幸未至于分裂。太宗死后，世祖年幼。阿敏的儿子济尔哈朗和多尔衮同摄政。后来实权都入于多尔衮之手。当时一切章奏，都径由多尔衮批答，御宝亦收归

康熙帝

其第。一时声势，是很为赫奕的。幸而多尔衮不久就死了，所以没酿成篡弑之局。世祖亲政后，大体还算清明，颇能厘定治法，处理目前的问题。当时中国的遗黎，经死亡创痛之余，实在更无反抗的实力，而又得一班降臣，为虎作伥，就渐渐地给他都压下去了。世祖在位不久。圣祖初立，亦年仅八岁。辅弼大臣鳌拜，颇为专权。然不久，亦就给圣祖除去。圣祖的聪明和勤于政治，在历代君主中，也颇算难得的，而在位又很长久。内政外交，经其一番整顿，就颇呈新气象了。

中国的国民，自助的力量，本来是很大的。只要国内承平，没甚事去扰累他，那就虽承丧乱之余，不过三四十年，总可复臻于富庶。清朝康熙年间，又算是这时候了。而清初的政治，也确较明中叶以后为清明。当其入关之时，即罢免明末的三饷。又厘定《赋役全书》，征收都以明万历以前为标准。圣祖时，曾叠次减免天下的钱粮。后来又定"滋生人丁、不再加赋"之例，把丁赋的数目限定了。这在农民，却颇可减轻负担。而当时的用度也比较地节俭。所以圣祖末年，库中余蓄之数，已及六千万。世宗时，屡次用兵，到高宗初年，仍有两千四百万。自此继长增高，至公元一七八二年，就达到七千八百万的巨数了。以国富论，除汉、隋、唐盛时，却也少可比拟的。

圣祖晚年，诸子争立。太子允礽，两次被废。后来就没有建储。世宗即位之后，和他争立的兄弟，都次第获罪。因此撤去诸王的护兵。并禁止诸王和内外官吏交通。满洲内部特殊的势力，可以说至此而消灭。但清朝的政治，却亦得世宗整饬之益。圣祖虽然勤政，其晚年亦颇流于宽弛。各省的仓库，多不甚盘查；钱粮欠缴的，也不甚追究。世宗则一反其所为。而且把关税、盐课，彻底加以整顿。征收钱粮时的火耗，亦都提取归公。如此，财政上就更觉宽裕。而康雍对外的兵事，也总算侥天之幸，成功时多。清朝至此，就臻于全盛。

雍正帝

世宗死后，高宗继之。高宗在表面上，是专摹效圣祖的，但他没有圣祖的勤恳，又没有世宗的明察，而且他的天性是奢侈的，正合着从前人一句话，"内多欲而外施仁义"。在位时六次南巡，供账之费无艺。对外用兵，所费亦属不赀①。凡事专文饰表面，虚伪和奢侈之风养成了。而中年后，更任用和坤，其贪黩为古今所无。内外官吏，都不得不用贿赂去承奉他。于是上官贪取于下属，下属诛求于小民，至其末年，内乱就一发而不可遏了。

"国于天地，必有与立。"清朝历代的君主，对于种族的成见，是很深的。他们对于汉人，则提倡尚文。一面表章程、朱，提倡理学，利用君臣的名分，以箝束②臣下。一面开博学鸿词科，屡

---

① 赀（zī），计量。——编者注

② 箝（qián）束，控制或约束。箝，同"钳"。——编者注

次编纂巨籍，以牢笼海内士大夫。但一面又大兴文字之狱，以摧挫士气。乾隆时，开四库馆，征求天下的藏书，写成六部，除北京和奉天、热河的行宫外，还分置于江、浙两省。看似旷古未有的盛举，然又大搜其所谓禁书，从事焚毁。据当时礼部的奏报，被焚的计有五百三十八种，一万三千八百六十二卷之多。清朝的对于士子，是严禁其结社讲学，以防其联合的。即其对于大臣，

乾隆帝

亦动辄严词诘责，不留余地。还要时用不测的恩威，使他们畏惧。使臣以礼之风，是丝毫没有的。如此，他们所倚为腹心的，自然是旗人了。确实，他们期望旗人之心，是很厚的。旗人应试，必须先试弓马。旗兵是世袭的。一人领饷，则全家坐食。其驻防各省的，亦都和汉人分居，以防其日久同化，失其尚武的风气。而又把东三省和蒙古，都封锁起来，不准汉人移殖。他们的意思，以为这是子孙帝王万世之业了。然而旗人的既失其尚武之风，而又不能勤事生产，亦和前代的女真、蒙古人相同。而至其末造，汉人却又没有慷慨奋发，帮他的忙的，于是清朝就成为萎靡不振的状态，以迄于亡。这是他们在前半期造成的因，至后半期而收其果。

第二章 清初的外交

清初的外交，是几千年以来外交的一个变局，因为所交的国和前此不同了。但是所遇的事情变，而眼光手段，即随之而变，在人类是无此能力的。新事情来，总不免沿用旧手段对付。而失败之根，即伏于此。不过当此时，其失败还潜伏着罢了。

清初外交上最大的事件，便是黑龙江方面中俄境界问题。因为这时候，俄国的远征队，时向黑龙江流域剽掠。该处地方的居民，几于不能安其生了。当公元一六七〇年，圣祖尝谕书尼布楚守将，请其约束边人，并交还逃囚罕帖木儿。尼布楚守将允许了，而不能实行。及公元一六七五年，俄人遣使来议划界通商。圣祖致书俄皇，又因俄人不通中国文字，不能了解。交涉遂尔停顿。公元一六八一年，三藩平定，圣祖乃决意用兵。命户部尚书伊桑阿赴宁古塔造大船，并筑齐齐哈尔、墨尔根两城，置十驿，以通饷道。公元一六八五年，都统彭春，以水军五千，陆军一万，围雅克萨城。

俄将约降，逃往尼布楚。彭春毁其城而还。俄将途遇援兵，复相率偕还，筑城据守。明年，黑龙江将军萨布素，再以八千人围之。城垂下，而圣祖停战之命至。

是时俄皇大彼得初立，内难未平，又外与波兰、土耳其竞争，无暇顾及东方。在东方的实力，亦很不充足，无从与中国构衅。适会是时，圣祖又因荷兰使臣，诒书俄皇。俄皇乃复书，许约束边人，遣使议划疆界，而请先解雅克萨之围。圣祖亦许之。于是俄使费耀多罗东来，而圣祖亦使内大臣索额图等前往会议。公元一六八八年，相会于尼布楚。当费耀多罗东来时，俄皇命以黑龙江为两国之界，而索额图奉使时，亦请自尼布楚以东，黑龙江两岸之地，俱归中国，议既不谐，圣祖所遣从行的教士徐日升、张诚从中调停，亦不就。兵衅将启。此时俄使者从兵，仅一千五百，而清使臣扈从的精兵万余，都统郎坦，又以兵一万人，从瑷珲水陆并进。兵衅若启，俄人绝非中国之敌，俄人乃让步，如中国之意以和。定约六条：西以额尔古讷河，东自格尔必齐河以东，以外兴安岭为界。岭南诸川入黑龙江的，都属中国，其北属俄。立碑于两国界上，再毁雅克萨城而还。

《尼布楚条约》既定，中俄的疆界问题，至此暂告结束，而通商问题，仍未解决。公元一六九三年，俄使伊德斯来。圣祖许俄商三年一至京师，人数以二百为限；居留于京师的俄罗斯馆，以八十日为限；而免其税。旋因俄人请派遣学生，学习中国语言文字，又为之设立俄罗斯教习馆。

当尼布楚定约前三年，蒙古喀尔喀三汗，为准噶尔所攻，都溃走漠南，至公元一六九七年，乃还治漠北。于是蒙、俄划界通商的问题复起。土谢图汗和俄国是本有贸易的。此时仍许其每年一至。然因互市之处无官员管理，颇滋纷扰。蒙人逃入俄境的，俄国又多不肯交还。于是因土谢图汗之请，于公元一七二二年，绝其贸易。至公元一七二七年，才命郡王策凌等和俄使定约于恰克图。自额尔古讷河以西，至齐克达奇兰，以楚库河为界。自此以西，以博木沙奈岭为界。而以乌带河地方，为瓯脱之地。在京贸易，与旧例同。俄、蒙边界，以恰克图和尼布楚为互市之地。公元一七三七年，高宗命停北京互市，专在恰克图。此时中、俄交涉，有棘手时，中国辄以停止互市为要挟。乾隆一朝，曾有好几次。

　　清初的中、俄交涉，看似胜利，然得地而不能守，遂伏后来割弃之根。这是几千年以来，不勤远略，不饬守备，对于边地仅事羁縻①的结果。至于无税通商，在后来亦成为恶例。然关税和财政、经济的关系，当时自无从梦见；而一经允许，后来遂无从挽回，亦是当时梦想不到的。所以中西初期交涉的失败，可以说是几千年以来，陈旧的外交手段不适用于新时代的结果，怪不得哪一个人，其失策，亦不定在哪一件事。要合前后而观其会通，才能明了其真相。

　　至于海路通商，则因彼此的不了解，所生出的窒碍尤多。通商本是两利之事，所以当台湾平后，清朝沿海的疆吏，亦屡有请

----

　　① 羁縻（jī mí），笼络，怀柔。——编者注

开海禁的。而其开始解禁，则时在公元一六八五年。当时在澳门、漳州、宁波、云台山，各设榷关。公元一六八八年，又于舟山岛设定海县，将宁波海关，移设其地。公元一七五五年，英人请收泊定海，而将货物运至宁波，亦许之。乃隔了两年，忽然有停闭浙海之议。原来中国历代海路的对外通商，是最黑暗不过的。官吏的贪婪，商人的垄断和剥削，真是笔难尽述。两千年以来，都是如此。到了近代，自然也逃不出此例的。

当时在广东方面，外人和人民不能直接贸易，而必经所谓官商者之手。后来因官商资力不足，又一人专利，为众情所不服，乃许多人为官商，于是所谓公行者兴。入行的所出的费用，至二三十万之巨。所以其取于外商，不得不重。而因中国官吏，把收税和管束外人的事，都交托给它，所以外人陈诉，不易见听，即或徇外商之请，暂废公行，亦必旋即恢复。于是外商渐舍粤而趋浙。公元一七五七年，闽督喀尔吉善、粤督杨应琚，请将浙关税收，较粤关加重一倍。奉谕："粤东地窄人稠，沿海居民，大半借洋船为生；而虎门、黄埔，在在设有官兵，较之宁波之可以扬帆直至者，形势亦异；自以驱归粤海为宜。明年应专令在粤。"英商通事洪任辉愤怒，自赴天津，讦告粤海关积弊。中朝怒其擅至天津，命由岸道押赴广东，把他圈禁在澳门。虽亦将广东贪污官吏，惩治一二，而管束外人的苛例，反因此迭兴。

公元一七九二年，英人派马甘尼东来，要求改良通商之事。其时正值清高宗八旬万寿。清人赏以一席筵宴、许多礼物，而颁给英王《敕谕》两道，将其所陈请之事，一概驳斥不准。未几，东南沿海，艇盗横行，而拿破仑在欧洲，亦发布《大陆条例》，以困英国。葡萄牙人不听，为法所破。英人虑其侵及东洋，要派兵代葡国保守澳门，以保护中、英、葡三国贸易，助中国剿办海寇为由，向中国陈请。中国人听了大诧，谕粤督严饬兵备。公元一八〇八年，英人以兵船闯入澳门，遣三百人登岸。时粤督为吴熊光，巡抚为孙玉庭，遣洋行挟大班往谕，不听，熊光命禁其贸易，断其接济。英人遂闯入虎门，声言索还茶价和商欠。予是仁宗谕吴熊光：“严饬英人退兵抗延即行剿办。”而熊光等因海寇初平，兵力疲敝，主张谨慎，许其兵退即行开舱。乃退兵贸易而去。仁宗怒其畏葸，把熊光、玉庭都革职，代以百龄和韩葑。于是管理外人愈严。公元一八一〇年，英人再遣阿姆哈司来聘。又因国书及衣装落后，未得觐见。于是中、英间的隔阂，愈积愈深，遂成为鸦片战争的远因了。

第三章　鸦片战争

　　鸦片战争，是打破中国几千年来闭关独立的迷梦的第一件大事。其祸虽若天外飞来，其实酝酿已久，不过到此始行爆发罢了。

　　英国在中国的贸易，自公元一七八一年以后，为东印度公司所专。至公元一八三四年才废。公司的代理人，中国谓之大班。

　　公行言"散商不便制驭，请令其再派大班来粤"。粤督卢坤奏请许之。于是英人先派商务监督，后派领事前来，而中国官吏，仍只认为大班，不肯和他平行交接。于是英领事义律，上书本国，说要得中国允许平等，必须用兵；而中英之间，战机就潜伏着了。而其时适又有一鸦片问题，为之导火线。

　　鸦片是从唐代就由阿拉伯人输入的。但只是作药用。到了明代，烟草从南洋输入，中国人开始吸食，其和以鸦片同熬的，则称为鸦片烟，才成为嗜好品。当时鸦片由葡萄牙人输入，每年不过二百箱。而吸食鸦片烟，则当公元一七二九年之时，已有禁例。

自英国东印度公司，垄断在中国的贸易后，在印度地方，广加栽种，而输入遂多。乾隆末年，粤督奏请禁止入口。嘉庆初年，又经申明禁令。鸦片自此遂成为无税的私运品，输入转见激增。海关每年，漏银至数千万两之巨。不但吸食成瘾，有如刘韵珂所说："黄岩一邑，白昼无人，竟成鬼市。"林则徐所说："国日贫，民日弱，十余年后，岂唯无可筹之饷，亦且无可用之兵。"未免不成样子。而银是中国的货币，银价日贵，于财政、经济关系都是很大的。所以至道光之世，而主张禁烟的空气，骤见紧张。

当时内外的议论，都是偏向激烈的。只有太常寺卿许乃济一奏，较为缓和。宣宗令疆臣会议，覆奏的亦多主张激烈。而公元一八三八年，鸿胪寺卿黄爵滋奏请严禁的一疏尤甚。于是重定禁例，而派林则徐以钦差大臣，驰赴广东，查办海口事件。

则徐既至粤，强迫英商，交出鸦片二万零二百八十三箱，悉数把它焚毁。又布告各国：商船入口，都要具"夹带鸦片，船货充公，人即正法"的甘结，各国都愿遵照。唯英领事义律不可。则徐遂命沿海断绝英人接济。时英国政府，尚未决定对中国用兵；而印度总督，遣军舰两艘至澳门。义律大喜。以索食为名，炮击九龙。时则徐在沿海亦已设防，英

道光帝

人不得逞。乃请葡萄牙人出而转圜，请删甘结中"人即正法"一语，余悉如命。则徐仍不许。时英议会中，亦分为强硬缓和两派。然毕竟以九票多数，通过"对中国前此的损害，要求赔偿；对英人后此的安全，要求保证"。时为公元一八四〇年四月。于是英人调印度、好望角的兵一万五千人，命伯麦和加至义律统率前来，而中、英的兵衅遂启。

英兵既至，因广东有备，转攻厦门。亦不克。乃北陷定海。投英国巴里满致中国首相的书。浙江巡抚不受，乃转赴天津。清宣宗是个色厉而内荏的人。遇事好貌为严厉，而对于事情的本身，实在无真知灼见。又没有知人之明。所以其主意很易摇动。

当时承平久了，沿海各省都无备，疆臣怕多事，都不悦林则徐所为，乃造蜚语以闻于上。于是朝意中变。命江督伊里布赴浙江访致寇之由。又谕沿海督抚：洋船投书，许即收受驰奏。时林则徐已署理粤督，旋革其职，遣戍伊犁，而命琦善以钦差大臣赴粤查办。

琦善既至，尽撤林则徐所设守备。时加至义律有疾，甲必丹义律代当谈判之任。琦善一开口，就许偿烟价二百万。义律见其易与，又要求割让香港。琦善不敢许。义律就进兵，陷沙角、大角两炮台。副将许

林则徐

连陟战死。琦善不得已，许开广州，割香港。英兵乃退出炮台。朝廷闻英人进兵，大怒。命奕山以靖逆将军赴粤剿办。英人遂进陷横当、虎门两炮台。提督关天培又战死，奕山既至，夜袭英军，不克。城外诸炮台尽陷。全城形势，已落敌人手中。不得已，乃令广州知府余葆纯缒城出见英人。许偿军费六百万，尽五天之内交出。而将军率兵，退至离城六十里之处。英兵乃退出虎门。

奕山乃冒奏："进剿大挫凶锋，义律穷蹙乞抚，唯求照旧通商，永遵不敢售卖鸦片。"而将六百万之款，改称商欠。朝廷以为没事了。而英人得义律和琦善所订的《草约》，以为偿款太少，对于英人后此之安全，更无保证，乃撤回义律，代以璞鼎查。续调海军东来，于是厦门、定海，相继陷落。王锡朋、郑国鸿、葛云飞三总兵，同日战死。英兵登陆。陷镇海。提督余步云遁走。江督裕谦，时在浙视师，自杀。英军遂陷宁波。

清廷以奕经为扬威将军，进攻，不克。而英人又撤兵而北。入吴淞口。陷宝山、上海。又进入长江，陷镇江，逼江宁。清廷战守之术俱穷，而和议以起。

先是伊里布因遣家人张喜，往来洋船，被参奏，革职遣戍。至是，乃用他和耆英为全权大臣，和璞鼎查在江宁议和。订立条约十三款。时为公元一八四二年八月二十九日。是为中国和外国订立条约之始。约文重要的：

（一）中国割香港与英。

（二）开广州、厦门、福州、宁波、上海五口，许英人携眷居住，英国派领事驻扎。

（三）英商得任意和华人贸易，毋庸拘定额设行商。

（四）进出口税则，秉公议定，由部颁发晓示。英商按例纳税后，其货物得由中国商人，遍运天下，除照估价则例加收若干分外，所过税关，不得加重税则。

（五）英国驻在中国的总管大员，与京内外大臣，文书往来称照会，属员称申陈，大臣批复称札行。两国属员往来，亦用照会，唯商贾上达官宪仍称禀。

这一次条约，和英国巴里满所要求的，可以说是无大出入。总而言之，是所以破前此（一）口岸任意开闭，（二）英人在陆上无根据地，（三）税额繁苛，（四）不许英官和中国平行之局的。

五口通商的条约，可说是中国人受了一个向来未有的打击。当时的不通外情，说起来真也可笑。当时英人进犯鸡笼，因触礁，有若干人为中国所获。总兵达洪阿和兵备道姚莹奏闻。廷寄乃命其将"究竟该国地方，周围几许？所属之国，共有若干？其最为强大，不受该国统束者，共有若干人？英吉利至回疆各部，有无旱路可通？平素有无往来？俄罗斯是否接壤？有无贸易相通？……"逐层密讯，译取明确供词，据实具奏。在今日看起来，真正可笑而又可怜了。而内政的腐败，尤可痛心。

当时广东按察使王廷兰，写给人家的信，说："各处调到的兵，纷扰喧哄，毫无纪律。互斗杀人，教场中死尸，不知凡几。"甚而至于"夷兵抢夺十三洋行，官兵杂入其中，肩挑担负，千百成群，竟行遁去。点兵册中，从不闻清查一二"。又说：从林则徐查办烟案以来，"兵怨之，夷怨之，私贩怨之，莠民亦怨之，反恐逆夷不胜，则前辙不能复蹈"。而刘韵珂给人家的信，亦说："除寻常受雇，持刀放火各犯外，其为逆主谋，以及荷戈相从者，何止万人？"人必自侮而后人侮之，这真可使人悚然警惧了。然而仅此区区，何能就惊醒中国人的迷梦？

第四章　太平天国和捻党之役

　　满族占据中国，倏忽二百年了。虽然它治理中国之法，还是取之于中国，然而在民族主义上，总欠光晶。加以它政治腐败，国威陵替，五口通商之役，以堂堂天朝，而受辱于海外的小蛮夷，这在当日，确是个非常之变。英雄豪杰，岂得不乘时思奋？于是霹雳一声，而太平天国以起。

　　太平天国天王洪秀全，是广东花县^①人。他以公元一八一二年诞生，恰在民国纪元之前百年。他是有志于驱除异族，光复河山的人。要做光复事业，不得不和下层民众结合，乃不得不借助于宗教。广东和外国交通早，西教输入的年代亦多。所以洪秀全所创的上帝教，颇与基督教相近。以耶和华为天父，基督为天兄，而自称为基督之弟。和冯云山等同到广西传布，信他的人颇多，

---

　　① 花县，今广东省广州市花都区。——编者注

大多数都是贫苦的客民。公元一八四七、公元一八四八年间，广西年荒盗起，居民倡团练自卫，和教中人颇有冲突。秀全乘机，以公元一八五〇年六月，起事于桂平的金田村。

时广西盗贼甚多，清朝派向荣等剿办，不利。洪秀全以起事的明年据永安。始建太平天国之号，自称天王。又明年，突围而出。攻桂林，不克。乃北取全州，浮湘而下。为江忠源乡勇所扼，改由陆道出湘东。攻长沙，亦不克，而清援军渐集，乃舍之，北出洞庭。克岳州，遂下武、汉。沿江东下，直抵江宁，建为天京。时为公元一八五三年。

当洪秀全在永安时，有人劝他，由湘西出汉中，以图关中。秀全不能用。及克武、汉，又有主张北上的，以琦善统大兵扼河南，不果。天京既建，清向荣以兵踵至，营于城东孝陵卫，而琦善之兵，移驻扬州，是为江南、江北两大营。太平军殊不在意。当时派兵两支：一自安徽出河南北伐，一沿江西上。后来北伐的兵，因形势太孤，虽经河南、山西，打入直隶，毕竟为清兵所歼灭。这个从太平军一方面论起来，实在是件可惜的事。其西上之兵，则甚为得势。再破安庆、九江，占据武、汉，并南下岳州、湘阴。

此时清朝的兵，不论绿营、八旗，都不足用，乃不得不专靠乡勇。当时办团练的地方很多。而湘乡曾国藩，以在籍侍郎，主持办团之事。国藩仿戚继光之法，倡立营制。专用忠勇的书生，训练诚朴的乡农。又创立水师，以期和太平军相角逐。遂成为太平军的劲敌。

湘军以公元一八五四年，出境作战。初出不利。旋复战胜，

曾国藩

克复岳州。又会湖北兵复武、汉。然进攻九江不能克，而石达开坐镇安庆，遣兵尽取江西州县。国藩孤居南昌，一筹莫展，形势甚危。长江中流，太平军仍占优势。而天国于是时起了内讧，遂授清军以可乘之隙。

洪秀全的为人，似长于布教，而短于治政和用兵。既据天京之后，就深居简出，把军国大事，一切交给杨秀清。旋又相猜忌，乃召韦昌辉，使杀秀清。石达开闻变回京，昌辉又杀其家属。达开缒城而遁。自此别为一军，不复受天京节制，秀全又使秀清余党，杀掉昌辉。于是太平军初起诸人略尽，遂呈散漫之象。清军乘之，以公元一八五七年冬克武、汉。明年春，又复九江。胡林翼居武昌，筹饷练兵，屹为重镇。太平军仅据安庆和天京相掎角，形势就很危险了。

然而太平军中，还有后起之秀，足以支持危局的，那就是李秀成。其时清军上流一方面，分遣陆军攻皖北，水军攻安庆。下流一方面，向荣的江南大营，前此被太平军攻破，清朝用其部将张国梁，主持军事，于九江失陷之际，再逼天京而军。此时捻党已盛于江北。李秀成和其首领张洛行相联络，把皖北的军事，交托悍将陈玉成，而自己入京辅政。玉成歼湘军精锐于三河集，安庆之围亦解。李秀成知道江南大营的饷源出于浙江。其时江北大营，已不置师，归江南大营兼统，泛地更广。乃出兵陷杭州，以摇动其军心。又分军扰乱各处，以分其兵力。而突合各路的兵猛攻之，大营遂溃。国梁走死。苏、松、常、太，相继皆下，太平军的形势又一振。

然而大厦非一木所能支，单靠一个忠勇善谋战的李秀成，到底不能挽回太平天国的末运。清朝此时，胡林翼已死，乃用曾国藩为两江总督。发纵指示之责，集于国藩一身。国藩使弟国荃攻围安庆。陈玉成不能将将，诸将都不听命，遂不能救。

公元一八六一年，秋间，安庆陷落。玉成战败走合肥，为苗沛霖所执，送于清军，被杀。曾国藩乃荐沈葆桢抚赣，左宗棠抚浙，以敌太平军方面李世贤、汪海洋的兵。使鲍超、多隆阿等分攻皖南、北。都兴阿镇守扬州。而使曾国荃沿江东下，杨岳斌、彭玉麟以水师为之声援，以逼天京。又使李鸿章募兵淮、徐，以图苏、松。李秀成力劝洪秀全出兵亲征，不听。请与太子俱出，又不听。秀成曾一度出兵江北，因张洛行已被擒，亦无成功。只得守了苏州，和天京作为声援。

借外力以平内乱是件可耻的事，亦是件可危的事。当道咸之世，清朝的昏聩反复，很为外人所厌恶。太平军在此时，很有和外人联络的机会，而太平军未肯出此——或亦是未知出此——清朝则似非所恤。公元一八五八、公元一八六〇年两役，外人在条约上所得的权利，实在多了，乃有助清人以攻太平军之议，清廷初亦未敢接受。然至苏、松失陷后，江苏巡抚薛焕和布政使吴煦，避居上海，到底借外人所训练统率的华兵，即所谓常胜军者，以御太平军。此时中国兵弱，洋将多不听命。苏人避居上海的，乃自雇汽船七艘，以迎李鸿章的淮军。太平军既未能邀击。苏州诸生王畹，献策于李秀成，请先设计封锁或扰乱上海，俾外人避居，然后出而招抚，收为己用，秀成又未能用。

李鸿章至，淘汰前所募兵，代以淮勇，都强悍能战；常胜军亦隶麾下，辅以精利的器械；而上海此时，饷源又甚丰富；太平军东路的形势，遂亦陷于危急。

李秀成此时，以一身负天京和苏州两方面守御的重任，兼负调度诸军之责。当公元一八六二年时，曾国荃已攻破沿江要隘，直逼天京。是年秋间，其军大疫。秀成合李世贤攻浙的兵，猛攻其营。凡四十六日，卒不能破。天京之围，自此遂不能解。至公元一八六三年初冬，而苏州又失陷，秀成乃入天京死守。明年六月，天京亦陷。天王已死，秀成奉太子福瑱出走。于路相失，为清军所获，死之。太子会李世贤、汪海洋之师入赣，亦为清军所执，殉国于南昌。海洋、世贤的兵，没于闽、粤。

石达开先别为一军，历赣、闽、湘、桂而入川，欲图割据，亦为清兵合土司所擒。陈玉成败后，在皖北的陈德才，北入河南，闻天京紧急，率兵还救，不及，自杀。太平天国自立凡十五年，兵锋所至，达十六省，卒仍为满族所征服。

然而其余众合于捻党，犹足使清廷盱食者数年。所谓捻党，是很早就有的。太平军起而捻势亦盛。蔓衍于苏、皖、鲁、豫四省之间。雉河集的张洛行、李兆受为其首领。寿州练总苗沛霖，亦阴和太平军和捻党相通。清命袁甲三等剿之，无效。公元一八六〇年，英、法兵陷京城。捻众亦乘机北略，至济宁。英、法兵既退，乃命僧格林沁剿办。僧格林沁攻破雉河集，张洛行、李兆受都死。苗沛霖亦被陈玉成余众所杀，捻势稍衰。

太平天国既亡，余众多合于捻，其势复盛。僧格林沁勇而无谋。捻众多马队，其势飘忽，僧格林沁常为所致。遂以公元一八六五年，败死于曹州。清廷命曾国藩往剿。国藩首创圈制之法。练黄河水师。以济宁、徐州、临淮关、周家口为四镇，各派重兵驻扎。于运河东岸，贾鲁河西岸筑长墙，想把捻众蹙之一隅。

然而止不住捻众的冲突，公元一八六六年，捻众突围而出，张宗禹入陕，赖文光入山东，于是罢国藩，代以李鸿章。鸿章仍守国藩遗策，倒守运河，把东捻逼到海隅。于公元一八六七年打定。其西捻则由左宗棠剿击。宗棠败之渭北。捻众乃北犯延绥，渡河入山西。再出河南，以入直隶。宗棠率兵追击。李鸿章亦渡河相助。命直隶之民，多筑寨堡以自卫，而沿黄、运二河筑长墙以守。至公元一八六八年，才把它逼到黄、运、徒骇之间打平。

捻匪不过是扰乱，说不上什么主义的。太平天国，则当其兵出湖南时，即已发布讨胡之令。可谓堂堂之阵，正正之旗。其定都金陵后，定田制，改历法，禁蓄妾及买卖奴婢，并禁娼妓，戒缠足，颁天条以为法律，开科举以取士，亦略有开创的规模，且颇富于新理想。

有人说："中国当日，恶西教正甚，而太平天国，带西教的色彩很重，这是其所以失人心的原因。"然而天王的创教，本不过是结合的一种手段，兵势既盛之后，亦未曾尽力推行。太平天国的灭亡，其中央无真长于政治和军事的人才，实在是其最大的原因。而其踞天京之后，晏安鸩毒，始起诸人，不能和衷共济，反而互相残杀。又其后来，所谓老兄弟者日少，新兄弟日多，军纪大坏，亦是其致亡的原因。

太平天国，提倡民族主义，曾国藩等，则揭橥①忠君主义，以与之对抗。在当日，自然是忠君主义，易得多数人的扶助，然而民族主义的源泉，终不绝灭，遂潜伏着，以待将来的革命。

---

① 揭橥（zhū），揭示，显示。 ——编者注

第五章　英法联军之役

鸦片战争，在中国历史上，为从古未有的奇变，然其实不过外人强迫通商的成功而已。在实际上，关系还不算很大。其种种丧权辱国的条约，实在又是五口通商以后，陆续所造成的，至公元一八五八年的《天津条约》，公元一八六〇年的《北京条约》，而作一总汇。

《江宁条约》成后，伊里布以钦差大臣赴广东办理通商事宜。死后，耆英代之，与英另订《五口通商章程》十五条。而法、美、瑞典，亦相继和中国订立条约。唯俄国仍不准在海口通商。

交涉的缪镯，起于广东英人入城问题。先是公元一七九三年，高宗曾有"西洋各国商人，不得擅入省城"之谕。此时另订条约，国交一新，此项上谕，自然无效，而粤民仍执之以拒各国领事入城。粤中大吏，既不能以法令效力，后胜于前的道理，晓谕人民，又不敢明拒外人；而依违其间，于是粤民遂自办团练，欲以拒绝外人。以为官吏软弱，浸至官民亦生龃龉。耆英知道交涉是棘手的，乃阴谋内召。先是《江宁条约》，订明舟山、鼓浪屿的英兵，须俟赔款交清后，方行撤退。

公元一八四六年，赔款清了，耆英要求英人撤兵。又另订条约五条，申明许英人入城，而中国不得以舟山群岛，割让他国。明年，耆英内用，英人请实行入城之约。耆英知道广东民气难犯。请展期两年。英人也答应了。

于是徐广缙为总督，叶名琛为巡抚。两人都是有些虚怯之气，好名而不通外情的。公元一八四九年，英人以入城之期已届，又请实行。广缙登舟止之。英人谋劫广缙，以求入城，广东练勇数万人，同时聚集两岸，呼声震天。英人惧，乃罢入城之议。

事闻于朝，封广缙一等子，名琛一等男，都世袭。余官均照军功例，从优议叙。并传旨大奖粤民。于是广东人民，更为得意。遂散布流言要破坏通商之局。英人闻之，写信给广缙，请另定《广东通商专约》。广缙要求其将不入城列入《专约》之中，英人也答应了。此时广缙、名琛，都很负时望。

公元一八五〇年，宣宗死了，文宗继立。明年而徐广缙移督湖广，叶名琛代为总督。此时太平天国正盛，清廷怕多生枝节，亦谕令交涉谨慎；而名琛以为外国人不过虚声恐吓，遇事多置诸不理。既不能措置妥帖，而又不设防备。这时候，沿海的中国船，颇有恃外国旗号为护符的。

公元一八五六年，有在英国登记，而业经满期的亚罗船，停泊粤河，为水师千总捕去十三人。英领事巴夏礼，要求省释。叶名琛也把所捕的人送还了。而英人又要趁此要求入城，拒绝弗受；而提出四十八小时内无确实答复，作为谈判破裂的警告。名琛置诸不答，英兵遂陷广州。然既不得本国政府的允许，而兵又少，旋又退出。而粤人又尽焚英、法、美诸国商馆。巴夏礼遂驰书本国政府请战。

时英国议会，亦不主开衅。英相巴马斯顿，把它解散，另行召集。通过"要求中国改订条约，并赔偿损失，否则开战"的议案。英国又要约俄、法、美三国。俄、美仅派使臣偕行，而法国因广西地方，教士被杀，派兵和英国同行。

公元一八五七年，四国使臣到广州。英使先致书名琛，要求会议改约和赔偿损失，法美愿任调停。名琛均置不答。英、法兵遂陷广州，名琛被虏。四国要求派遣全权大臣至上海议善后。由江督何桂清奏闻。

朝命革名琛职，代以黄宗汉。命英、法、美三使回广东，听候查办。对俄国，则申明海口不许通商之旨，令回黑龙江，和将军会议。四使不听，径行北上。明年三月，至天津。四月，陷大沽炮台。清廷乃派大学士桂良、吏部尚书花沙纳赴津，和四使会议。各订条约。其税则，命其赴沪会同何桂清，和各国会议。又成《通商章程》十条。英、法、美三国相同。是为公元一八五八年的《天津条约》。

其明年，英、法二使来换约。时僧格林沁在大沽设防，请其改走北塘。弗听。强航白河。为炮台守兵所击，狼狈走上海。公元一八六○年，英、法再派兵来。先照会何桂清，说："若守《天津原约》，仍可罢兵。"而清廷上谕，又说它们"辄带兵船，毁我海口防具。首先背约，损兵折将，实由自取，所有八年议和条款，概作罢论。若彼自知悔悟，必于前议条款内，择道光年间曾有之事，无碍大体者，通融办理。仍在上海定议，不得率行北来"。于是兵端之启，遂无可避免，此时清廷亦怕启衅，所以美使后至，遵命改走北塘，即许其在天津换约。虽封锁大沽，然仍留北塘为款使议和之地。而僧格林沁又惑于"纵洋人登陆，以马队蹙而歼之"之说，遂弃北塘不守。其所埋地雷，为汉奸告知英人掘去。于是英、法兵从北塘登陆，攻陷大沽炮台。僧格林沁退驻张家湾。

清廷不得已，再派怡亲王载垣和英、法议和。有人告载垣，说"巴夏礼衷甲将袭我"。载垣惧，以告僧格林沁。僧格林沁执巴夏礼。英、法兵进攻，僧格林沁败绩。助守的禁军和旗兵亦都败。文宗乃逃往热河，而留恭亲王奕䜣守京城。旋以为全权大臣。英、法兵胁开京城，又焚圆明园。奕䜣惧不敢出。因俄使伊格那提业幅的保证，乃出而与英、法议和，重行订定条约，是为《北京条约》。

这两约，实在是把五口通商以后，英、法两国所订的条约，合并整理而成的；而又有新丧失的权利。论口岸，则增开牛庄、登州、台湾、淡水、潮州、琼州及沿江各口。因此内河航行之权，亦和外人相共。领事裁判和关税协定，都自此确定。

内地游历通商和传教的条文，亦起于此两约。前此清朝中央政府，恒不愿与外人直接交涉，至此则接待驻使，亦成为条约上的义务了。而又把九龙割给英国。赔英、法军费及商亏，各八百万两。《美约》还是公元一八五八年所定的，所以和英、法两约，又有不同。然各国的条约，都有最惠国条款，则此等异同，也不足计较了。至对于俄国的条约，则损失尤大。

第六章　西北事变和中俄交涉

西北本是兴王之地，在汉、唐之世，都以此为天下根本。当时关中的武力和文化，都为全国之冠。凉州的风气，尤其强悍。所以经营西域的力量，也非常之强。自宋以后，武力不竞。北方迭受异族的蹂躏，国都非偏在东南，则僻在东北。西北方的实力，遂渐渐落后。而自元以后，回教盛行于西北，汉、回之间，尤其多生问题。

中国人是不甚迷信宗教的，所以争教的事情很少。但是信仰回教的人民，因其习俗不同，不易和普通人民同化，而汉、回之间，遂不免留着一个界限。在平时的争执，原不过民间的薄物细故。但是回人团结，而汉人散漫。所以论风气，是回强而汉弱。在官吏，就不免袒汉而抑回。到回民激而生变，则又不免敷衍了事。酿成了"汉、回相猜，民怨其上"的局面。咸同大乱之时，又发生所谓回变。

　　回变是起于西南，而蔓延于西北的。公元一八五五年因临安汉回的冲突，渐至蔓延。永昌的回民杜文秀，就起兵占据大理。回首领马德新，则居省城，挟巡抚徐之铭为傀儡。之铭亦挟回以自重。清朝所派的督抚，不能到任的很多。后来布政使岑毓英，结回将马如龙为援。先定省城。次平迤东，诛叛酋马连升。清朝即用为巡抚，直到公元一八七二年，才把大理克复，云南全省打定。总计其始末，也有十八年了。但还是限于一隅的。至西北则事变更形扩大。

　　西北的回变，是起于公元一八六二年的。先是陕西募回勇设防。及是年，太平天国的陈德才，合捻党以入武关。回勇溃散。有和汉人冲突的。彼此聚众相仇。而云南叛回任五，此时匿居渭南，遂诱之为乱。清朝派胜保剿办，无功。赐自尽，改派多隆阿。回众被驱入甘肃。于是固原、平凉和宁夏一带，回变大炽。回首领马化龙，居金积堡，白彦虎居董志原，为其首领，陕西北部的游勇、土匪，亦都由叛回接济，到处糜烂。叛回又派遣徒党，四出招诱。于是回首领妥得璘，以公元一八六四年，据乌鲁木齐。旋陷吐鲁番。据南路八城。至公元一八六六年，遂陷伊犁和塔尔巴哈台。其时汉人亦有起兵自卫的，以徐学功为最强。而浩罕又把兵借给张格尔的儿子布苏格，令其入据喀什噶尔。公元一八六七年，布苏格为浩罕之将阿古柏帕夏所废。自称喀什噶尔汗。和徐学功连和。合攻乌鲁木齐，妥得璘走死。地皆入于阿古柏。于是阿古柏想联合回教徒，在中、英、俄三国之间，建立一国。因徐学功的内附，介之以求封册，而通使于英、俄和土耳其。先是伊犁危急时，将军明绪、荣全，都想借助于俄。俄人卒未之应。及阿古柏陷北路后，俄人因与回众冲突，于公元一八七一年，占据伊犁。然仍与阿古柏订立《商约》。英人则更想扶助之以拒俄。英国的公使，亦替他向中国代求封册。

左宗棠

时中国以左宗棠督办陕甘军务。因追剿捻匪，无暇顾及回变，所以陕、甘两省，更形糜烂。到公元一八六八年，捻匪平了。宗棠乃回到西安。先出兵肃清陕西。进取甘肃。甘回分扰陕西，宗棠又回兵定之。至公元一八七二年，而甘肃自黄河以东皆定。马化龙被杀，宗棠又进兵河西。公元一八七三年，河西亦定。白彦虎走归阿古柏。

其时英人仍为阿古柏祈请，而中国亦有因军费浩大，主张以南路封之的，左宗棠力持不可。公元一八七五年，乃以宗棠督办新疆军务。宗棠任刘锦棠，先进兵北路，公元一八七六年，复乌鲁木齐。明年，遂克辟展，进取吐鲁番。其时浩罕已为俄国所灭，而南路缠回，亦和阿古柏不洽。阿古柏穷蹙[1]，乃饮药自杀。其子伯克胡里，仍据喀什噶尔，而白彦虎则据开都河，以拒清军。公

---

① 穷蹙（qióng cù），窘迫，困厄。——编者注

元一八七八年，刘锦棠又进兵定之。两人都逃入俄国。于是天山南北路皆平。而伊犁仍为俄人所据，而中、俄的交涉遂起。

从公元一七五九年，天山南北路平定以来，中国西北数千里，都和俄国接界，而地界则自公元一七二八年以后，迄未重定。所以中俄边界，西方仍只规定至沙宾达巴哈为止。公元一八六〇年的《北京条约》，订明"西疆未定之界，应顺山岭大河，中国常驻卡伦，自沙宾达巴哈往西至斋桑淖尔，自此西南，顺天山之特穆图淖尔，南至浩罕边界为界"，此约之误，在"常驻卡伦"四字。其后公元一八六四年，明谊和俄人订立界约，就把乌里雅苏台以西之地，丧失一大段了。明谊之约既定，科布多、乌里雅苏台、塔尔巴哈台所属，均由中国派员，于公元一八六九、公元一八七〇两年间，与俄会立界牌鄂博，而伊犁属境，始终未及勘定。

所以中国此时，所重要的，实仍在划界问题。划界既定。则伊犁不索而自回，若但索一个伊犁城，就是走的下着了。而中国当日，派出一个全不懂事的崇厚到俄国去会议。不但在地界上损失甚巨，别一方面的损失，更其不可思议。议既定，中外交章论劾。主战之论大盛。郭嵩焘上书力争，论乃稍戢。于是改派曾纪泽使俄。于公元一八八〇年，与俄重定条约，总算把崇厚的原约，争回了些。然而其所损失，业已很大了。

要明白中、俄的《伊犁条约》，先得知道前此的中俄《陆路通商章程》。原来俄国人对于东北，固然要想侵略，而其对于蒙古，亦是念念不忘的。于是《北京条约》立后，俄人又要求到京城通商。又要在蒙古地方，随意通商。又要在张家口设立行栈、领事。且借口陆路运费贵，定税不肯照海口一律。于是于公元一八六二年，订立《陆路通商章程》。公元一八六五、公元一八六九两年，又两次修改。准（一）俄人于两国边界百里之内，均无税通商。（二）中国设官的蒙古地方，和该官所属的盟、旗，亦许俄人随意通商，不纳税。其未设官的地方，则须有俄边界官执照，方许前往。（三）由陆路赴天津的，限由张家口、东坝、通州行走。（四）张家口不设行栈，而准酌留货物销售。（五）税则许其三分减一。中国这时候，于商务的盈亏和税收，都不甚措意。所最忌的，是外人的遍历内地。所以所兢兢注重的，全在乎此。

崇厚原约，收回伊犁之地，仅广二百里，长六百里，曾纪泽改订之约，则把南境要隘，多索回了些，而原约偿款五百万卢布，改至九百万。肃州、吐鲁番两处，均许设领事。原约尚有科布多、乌里雅苏台、哈密、乌鲁木齐、古城五处。改约定明俟商务兴旺再议。而将蒙古的贸易，扩充至不论设官未设官之处，均准前往。凡设领事之处和张家口，都准造铺房行栈。而天山南北路通商，亦许暂不纳税。此约虽较原约为优，然所争回的地界，亦属有限；而后来定立界牌，于约文之外，又有损失。西北的境界遂大蹙，而蒙、新两方面，自此以后，亦就门户洞开了。

当曾纪泽使俄时，俄人持原议甚坚。其舰队又游弋辽海以示威。中国亦召回左宗棠，命刘锦棠代主军务。李鸿章在天津设防。后来总算彼此让步，把事情了结了。中国知道西北情势的危急，乃于公元一八八二年，改新疆为行省。

第七章　晚清的政局

中国地方大而政治疏阔，要彻底改变，是很不容易的。所以一朝中衰之后，很难于重振。何况清朝，从道光以来，所遭遇的，是千古未有的变局？然而这时候，清朝还能削平内难，号称中兴，这是什么理由呢？这都是汉人帮他的忙。

清朝人满、汉之见，是很深的。从道光以前，总督用汉人的很少，专征更不必论了。到咸丰初年，而局面一变。清仁宗中岁以后，是信任曹振镛的。振镛的为人，琐屑不知大体。宣宗则初任曹振镛，后相穆彰阿。穆彰阿

咸丰帝

是个柔佞之徒。鸦片战争之役，他竭力主持和议。旧时人的议论，有诋为权奸的。其实他哪里说得上权奸？不过坐视宣宗的轻躁，而不能匡正罢了。宣宗死于公元一八五〇年，子文宗继立。

文宗在清代诸帝中，汉文的程度号称第一。亦颇有志于图治。这时候，正值海疆多事，太平军又已起兵之际，时事很为艰难。文宗乃罢斥穆彰阿、耆英，昭雪林则徐、达洪阿、姚莹等。又下诏求直言。曾国藩、倭仁等，都应诏有所论列。海内翕然，颇有望治之意。此时因内外满员，多属昏聩庸懦，不足任用。军机大臣文庆，力言于帝，说要重用汉人。文宗颇能采纳。这是咸同时代，所以能削平内乱的根本。

专制政体，把全国的事情，都交给一个人做主。于是这一个人的智愚仁暴，就能使全国的人民，大受其影响。而君位继承之法，又和家族中的承继，并为一谈。于是家庭间的争夺，亦往往影响于国事。这是历代都是如此的，到晚清仍是其适例。清文宗因时事艰难，图治无效，意思就倦怠了。其宗室中，载垣、端华、肃顺，因此导之以游戏，而暗盗政权。军机拱手而已。公元一八六〇年，文宗因英、法联军进逼，逃到热河。英、法兵退了，群臣都恳请回銮，载垣等以在热河便于专权，暗中阻止。

明年，文宗就死在热河。文宗皇后钮祜禄氏无子，贵妃叶赫那拉氏，生子载淳，是为穆宗。年方六岁。载垣等宣布遗诏，自称赞襄政务大臣。叶赫那拉氏和奕䜣等密谋回銮。到京，便把载垣、端华、肃顺执杀。于是尊钮祜禄氏为母后皇太后，叶赫那拉氏为圣母皇太后，同时垂帘听政。而实权都在那拉氏。

慈禧太后

载垣等三人之中，肃顺颇有才具。重用汉人之议，肃顺亦是极力主张的。那拉后、奕䜣，虽和肃顺是政敌，却于此点能遵循而不变。当时沈桂芬、李棠阶等，尽忠于内；湘淮诸将，戮力于外；所以能把内难削平。内难既定之后，那拉后渐渐地骄侈起来。穆宗虽是那拉后所生，却和钮祜禄后亲昵。

公元一八六九年，那拉后所宠的太监安德海，奉后命到广东。路过山东，山东巡抚丁宝桢，把他捉起来，奏闻。清朝的祖制，太监不准外出，出宫门便要处死的。那拉后无可如何，只得许其照办。有人说：此事实是穆宗授意的。从此母子之间，更生隔阂。

公元一八七二年，穆宗将立皇后。钮祜禄氏属意于尚书崇绮之女阿鲁特氏。那拉后欲立凤秀之女富察氏，相持不能决。乃命穆宗自择。穆宗如钮祜禄后之意，那拉后大怒。大婚之后，禁止穆宗和皇后同居。穆宗郁郁，遂为微行，因以致疾，于公元一八七四年病死。宫中讳言是出天痘死的。

清朝当高宗时，曾定立嗣不能逾越世次之例。穆宗死后无子，照清朝的家法，自应在其侄辈中选出。但如此，那拉氏便要做太皇太后，未免位高而无权。加以醇亲王奕𫍙的福晋，是那拉氏的妹妹。所生的儿子载湉，就是那拉氏的外甥。于是决意迎立了他，是为德宗。年方四岁，两宫再垂帘。钮祜禄氏虽然无用，毕竟是嫡后，那拉氏终有些碍着她。

公元一八八一年，钮祜禄后暴死。那拉氏从此更无忌惮。宠太监李莲英。罢奕䜣，而命军机大臣遇事和奕𫍙遣商办。卖官鬻爵。把海军衙门经费，移修颐和园。公元一八九一年，德宗大婚亲政。然实权仍都在那拉后之手。因此母子之间，嫌隙更深。遂成为戊戌政变的张本。

中国当道咸之世，很不愿意和外人交接。被迫通商，实在是出于无奈。同治初年，还是这等见解。所以当时欧美各国来求通商，还是深闭固拒。但是到后来，迫于无可如何，也就只得一一和它们订约了。

至公元一八六七年，总署乃奏派志刚、孙家穀及美人蒲安臣等出聘有约各国。在美国定约八条。在欧洲各国，则申明彼此交涉。当以和平公正为主，不可挟持兵力，约外要求。这实在是中国外交更新的第一声。惜乎后来未能继续进行。至于改革，前此是说不到的。

同治以后，湘淮军中人物，主持政事。他们都是亲身经历，知道西洋各国，确有其长处，我们欲图自强，是万不能不仿效的。于是同文馆、广方言馆、制造局、船厂、水师和船政学堂，次第设立。轮船、电报、铁路、邮政、新法采矿等，亦次第兴办起来。但所学的，都不过军械和技艺的末节，这断不足以挽回国势，而自进于世界强国之林。而且当时，还有顽固守旧之士，听说要造铁路，就说京津大路，从此无险可守的。闻同文馆将招正途出身的人学习，就以为于人心士气，大有关系的。又有一种不谙国际情势，而专唱高调，自居于清流之列的。在民间，则因生产方法之不同。而在经济上，渐渐受外国的侵削。而大多数平民，依旧是耕凿相安，不知道今日是何世界；即读书人亦是如此。这都是几千年以来的积习，猝难改革，而外力却愈逼愈深，就演成晚清以后种种的事变。

第八章　中日战争

使中国历史大变局面的，前为鸦片战争，后为中日战争。

欢迎西学，而畏恶西教；西人挟兵力以求通商，则深闭固拒，以致危辱；到外力的压迫深了，才幡然改图，以求和新世界适应；这是欧人东略以后，东洋诸国所同抱的态度；而日本因缘凑合，变法维新，成功的最快，遂转成为东方的侵略者。

中国在明代，受倭寇之患是很深的。所以清开海禁以后，仍只准中国人去，而不准日本人来。而且对于日本，戒备之情很深。在公元一八六八年以前，实无国交之可言。这一年，日本明治天皇立，和各国订立条约。乃与其明年，遣使到中国来请立约。这时候，中国对于外国，还有深闭固拒之心。所以总署对于日本之请，是议驳的。公元一八七一年，日人复遣使臣前来。总署令其另派大臣再议。其时疆臣仍有以倭寇为言，奏请拒绝的。朝命曾国藩、李鸿章筹议。二人都说不可。拒绝之议乃罢。由李鸿章与立《修好规条》和《通商章程》：（一）领事裁判权，彼此都有。（二）进口货照海关税则完纳；税则未载明的，则值百抽五；亦彼此所同。（三）内地通商，明定禁止。都和泰西各国不同。明年，日本就派人来，要想议改。鸿章说约未换而先议改，未免失信贻笑，把它拒绝。

琉球是两属于中日之间的。公元一八七一年，琉球人遭风飘至台湾，为生番所杀。公元一八七三年，日本小田县民漂至，又被杀。这一年，日本副岛种臣来换约。命其副使柳原前光诘问总署。总署说："琉球亦我属土。属土之民相杀，与日本何预？小田人遇害，则没有听见。"又说，"生番是化外之民。"日本人说："既如此，我们将自往问罪。"又争琉球是日本属国。彼此议不能决而罢。明年，日本派兵攻台湾。又派柳原前光到中国来，说系问罪于中国化外之地。中国声教所及，秋毫不犯。中国派沈葆桢巡视台湾，调兵渡海。日人气馁。其兵又遇疫。乃由英使调停，在津立专约三款：中国恤日本难民家属银十万两，偿还日本修筑道路房屋之费银四十万两了事。公元一八七九年，日本竟灭琉球，以为冲绳县。中国和它交涉，迄无结果。

朝鲜离中国，本较日本为近；其文化程度，实亦较日本为高。不幸欧人东略之时，适值其国党争积弱之际，遂致一蹶不振。当清朝同光之际，正值朝鲜国王李熙初立之时。其父昰应摄政。昰应的为人，颇有才气，而智识锢蔽，持闭关主义甚坚。欧美诸国去求通商，辄遭拒绝，各国来告中国。中国辄以向不干预朝鲜内政答之。在中国的习惯，固然如此。然和国际法属国无外交之例，却是相背的。日人乘此机会，公元一八七六年，用兵力强迫朝鲜立约通商，约文中竟订明朝鲜为独立自主之国。这时候，李鸿章主持中国外交，主张引进各国势力，互相牵制。乃劝朝鲜和美、英、法、德，次第立约。约文中都申明朝鲜为中国属邦。然和属国无外交之例，仍属相背。这时候，李熙已亲政。其妃闵氏之族专权。昰应失职怏怏。公元一八八二年，朝鲜因聘日武官教练新兵，被裁的兵作乱，焚日使馆，复拥昰应摄政。驻日公使黎庶昌，急电直隶总督张树藩。树藩立遣提督丁汝昌督兵船前往。总署又派吴长庆率兵继往。代定其乱，执昰应以归。这一次，日本亦派兵前往，而较中国兵迟到，所以于事无及。事定之后，吴长庆遂留驻朝鲜。这时候，朝鲜分为事大、独立两党。在朝的事大党，以王妃闵氏之族为中心。公元一八八四年，独立党作乱。为吴长庆所镇定。日公使自焚其使馆，说是我兵炮击它的。明年，日本派伊藤博文来，和李鸿章在天津立约：（一）两国均撤兵。（二）勿派员教练朝鲜兵士。（三）朝鲜有变乱事件，两国派兵，均先行文知照；事定仍即撤回，中国和日本，对朝鲜遂立于同等地位了。其明年，出使英、法、德、俄大臣刘瑞芬建议，和英、美、俄诸国立约保护朝鲜。李鸿章颇赞成之，而总署持不可，其议遂罢。

公元一八九四年，朝鲜东学党作乱。全罗道求救于我。李鸿章派叶志超率兵前往。未至而乱已平。日兵亦水陆大至。屯据京城。鸿章责其如约撤兵，日本不听。而要求中国共同改革朝鲜内政。中国亦拒绝。日使大鸟圭介，遂挟众入朝鲜王宫。诛逐闵氏之党。复起昰应摄政。派兵屯据朝鲜要害。李鸿章知道中国兵力，是靠不住的，不欲轻于言战。遍告英、俄、德、法、美诸国，希望它们出来调停，而事终不就。中国租英船运兵，为日本所击沉。中国主战派，纷纷责备鸿章。中国乃正式宣战。

时中国续派左宝贵等赴朝鲜，而前所派的叶志超等，已为日本所袭败，退至平壤。日兵来攻诸军败绩。左宝贵死之。海军亦败绩于大东沟，自此蛰伏威海不能出。日人遂纵横海上。宋庆总诸军守辽东。日兵渡鸭绿江，连陷九连、安东。庆退守摩天岭。日兵遂陷凤凰城、宽甸、岫岩。其第二军又从貔子窝登陆，陷金州。进陷大连湾，攻旅顺。宋庆把摩天岭的防守，交给聂士成，自统大军往救，亦不克。旅顺又陷落，于是中国仅以重兵塞山海关至锦州。而日兵又分扰山东。自成山登陆，陷荣城。攻威海。海军提督丁汝昌以兵舰降敌，而自仰药死。山东巡抚李秉衡，自芝罘退守莱州。日兵复陷文登、宁海。明年二月，日兵并力攻辽东，陷营口、盖平、海城。辽阳、沈阳，声援俱绝。其舰队又南陷澎湖，逼台湾。于是中国势穷力竭，而和议以起。

当旅顺危急时，中国即派德璀琳赴日议和。后又改派张荫桓、邵友濂。均给日本拒绝。乃改由李鸿章自往。日本要求驻兵大沽口、天津、山海关，方行停战。鸿章不许。而日人持之甚坚。鸿章乃请缓停战，先议和。议未定，鸿章为刺客所伤，日人惭惧，乃定停战之约。旋议定《和约》十款。其中重要的：（一）中国认朝鲜自主。（二）割让奉天南部和台湾、澎湖。（三）赔款二万万两，分八次交清。（四）换约后订立《通商行船条约》《陆路通商章程》，均以中国与泰西各国现行约章为准。（五）添开沙市、重庆、苏州、杭州。（六）日军暂占威海，俟一二次赔款缴清；通商行船约章批准互换；并将通商口岸关税，作为余款及利息的抵押；方行撤退。此约割地之多，赔款之巨，不待更论。通商行船。一照泰西各国条约，是日本求之多年而不得的。而（七）约中又订明"日本臣民，得在中国通商口岸城邑，从事各项工艺制造；又得将各项机器，任便装运进口"，则又是泰西各国，所求之而不得的。从此以后，中国新兴幼稚的工业，就更受帝国资本主义的压迫，求自振更难了。

奉天南部之地，则因俄、德、法的干涉而还我。三国当时由驻使照会日本外部，以妨碍东洋平和为辞，劝日本将辽东归还中国。日人得照会，急开御前会议，筹商或许，或拒，或交列国会议。多数主张第三策。而其外相大为反对，说："列国会议，各顾其私，势必不能以辽东问题为限，全部条约，都要生变动了。"于是日人运用外交手腕，请美国劝俄国不必干涉。又求英国援助，愿意给予报酬。英、美都不肯援助。日本再和俄国交涉，愿意归还辽东，但求割一金州，俄人亦不许。日人不得已，乃照三国的要求，径行承诺。而要求我出偿款一万万两。后由三国公议，定为三千万两。由李鸿章和日人另订《交还辽东条约》，把拟订陆路章程之事取消。

第九章　维新运动和戊戌政变

中国的该变法，并不是和外国人接触了，才有这问题的。一个社会和一个人一样，总靠新陈代谢的作用旺盛，才得健康。但是总不能无老废物的堆积。中国自秦汉统一之后，治法可以说是无大变更。到清末，已经两千多年了，各方面的积弊，都很深了。便是没有外人来侵略，我们种种治化，也是应当改革的。但是物理学的定例，物体静止的，不加之以力，则不能动，社会亦是如此。所以我们近代的改革，必待外力的刺激，做一个诱因。

中国受外力刺激而起反应的第一步，便是盲目的排斥，这可谓自宋以来，尊王攘夷思想的余波。排斥的目的，已经非是，其手段就更可笑了。海通以后，最守旧的人，属于这一派。其第二步，则是中兴时代湘淮军中一派人物。大臣如曾国藩、李鸿章，出于其幕府中的，则如薛福成、黎庶昌之类。此派知道闭关绝市是办不到的。既已入于列国并立之世，则交际之道，不可不讲，内政亦不得不为相当的改革。但是他们所想仿效他人的，根本上不离乎兵事。因为要练兵，所以要学他们的技艺；因为要学他们的技艺，所以要学他们的学术；因此而要学他们的语文。如此，所办的新政虽多，总不出乎兵事和制造两类。当这世界更新，一切治法，宜从根本上变革的时候，这种办法，自然是无济于事的。再进一步，便要改革及于政治了。

但是从根本上改革，这句话谈何容易？在高位的人，何能望其有此思想？在下位的人而有此思想，谈何容易能为人所认识？而中日之战，以偌大的中国，而败于向所轻视的日本，这实在是一个大打击。经这一个打击，中国人的迷梦，该要醒了，于是维新运动以起。

当时的维新运动，可以分作两方面：一是在朝，一是在野。在朝一方面，清德宗虽然无权但其为人颇聪明，颇有志于变法自强，特为太后所制，不能有为。在野一方面，则有南海康有为。他是个深通旧学，而又讲求时务，很主张变法的。清朝是禁止讲学的。但到了末年，其气焰也渐渐地衰了，其禁令，在事实上，也就渐渐地松弛了。有为很早的就在各处讲学，所以其门下才智之士颇多。公元一八八九年，有为

光绪帝

即以荫生上书请变法，格未得达。中日和议将成时，又联合各省入都会试的士子，上书请迁都续战，陈变法之计。书未上而和约已换，事又作罢。有为乃想从士大夫一方面提倡。立强学会于京师。为御史杨崇伊所参，被封。而其弟子梁启超，设《时务报》于上海，极力鼓吹变法，海内耸动。一时维新的空气，弥漫于好新的士大夫间了——虽然反对的还是多数。

公车上书之后，康有为又两次上书请变法。其中有一次得达，德宗深以为然。德国占据胶州湾时，有为又走京师，上书陈救急之计，亦未得达。其明年，恭亲王奕诉死了。朝廷之上，少了一个阻力。德宗乃和其师傅翁同龢商议，决意变法，遂下诏定国是，召用康有为、梁启超等。

此时所想模仿的，是日本的睦仁、俄国的大彼得，想借专制君主的力量，把庶政改革得焕然一新。于是废八股，设学校，奖励著新书，制新器，裁冗兵，练新操，办保甲，筹设银行，造铁路，开矿山，设农工局，立商会。大开言路，广求人才。从戊戌四月至八月间，变法之诏，联翩而下。虽然不能尽行，然而海内的精神，确已为之一振了。

专制君主的权力，在法律上是无限制的，在事实上则不尽然。历代有志改革的君主，为旧势力所包围，以致遭废

康有为

弑幽禁之祸的，正自不乏。

这期间，由于意见的不同者半，由于保存权位之私者亦半。康有为是深知旧势力之不可侮的。所以他于德宗召见之时，力言请皇上勿去旧衙门，但增设新差使；擢用的小臣，赏以虚衔，许其专折奏事；就够了。有为此等见解，原以为如此，则旧人不失禄位，可以减少其反对之力，然而权既去，禄位亦终于难保；即可保，亦属无味。这仍不足以满守旧阻挠者之所欲。况且亦有出于真心反对，并不为禄位起见的。而那拉后和德宗的不和，尤其是维新的一大阻力。

那拉后是很不愿意放弃权势的，她当时见德宗变法，很不谓然。于是以其党荣禄为直隶总督，总统近畿诸军，以巩固其势力。而使裕禄在军机上行走，以侦察德宗的举动。自然有不满意于德宗的大臣，用半虚半实的诏，谮诉于那拉后。而德宗也有"不容我变法，毋宁废死"的决心。于是帝后之间，嫌隙愈深。就有旧党将乘德宗到天津去阅兵，实行废立的风说；又有新党将利用袁世凯的新兵，围颐和园之说。而政变以起。

这一年八月，那拉氏由颐和园还宫，说德宗因病不能视事，复行垂帘听政，而幽帝于南海的瀛台。康有为之弟广仁和新党谭嗣同、刘光第、林旭、杨锐、杨深秀，同时被杀。时人谓之六君子。康有为因奉德宗密诏，先期出京走香港。梁启超则于事变后走日本。新政一切废罢。和新政有关联的人，一切罢斥，朝右的新党一空。

然政治虽云复旧，人心则不能复变。于是康有为在海外立保皇党。图推翻那拉后，扶助德宗亲政。公元一九〇〇年，其党唐才常谋在武汉举事，事泄被杀。有为等游说当时的大臣，亦没有敢听他的话，实行清君侧的。然而舆论的势力，则日日增长。梁启超走日本后，发行《清议报》，痛诋那拉后。便国内诸报，如上海的《苏报》等，亦有明目张胆，反对旧党的。其余各报，虽不敢如此显著，亦大都偏向维新。那拉后要想禁绝它们，以其地在租界，未能办到。要想照会外国，拘捕康、梁，外人又认为国事犯，加以保护。于是守旧之念，渐变而为仇外之念。而帝后间的嫌隙，积而愈深。

那拉后想行废立，其党以意讽示各公使，各公使都表示反对。乃先立端郡王载漪之子溥儁为大阿哥，以觇舆情。而海外的华侨，又时时电请圣安，以示拥戴德宗。经元善在上海，亦合绅民等电争废立。太后要拘捕他，又被逃到澳门。于是后党仇外的观念愈甚，遂成为庚子拳乱的一因。

第十章　八国联军和辛丑条约

天下事无其力则已，有其力，是总要发泄掉，才得太平的。义和团之事，亦是其一例。

中国从海通以来，所吃外国人的亏，不为不多了。自然，朝野上下，都不免有不忿之心。然而忿之而不得其道。这时候，大众的心理，以为：（一）外国人所强的，唯是枪炮。（二）外国人是可以拒绝，使他不来的。（三）而民间的心理，尤以为交涉的失败，由于官的惧怕洋人。倘使人民都能齐心，一哄而起，少数的客籍，到底敌不过多数的土著。（四）而平话、戏剧，怪诞不经的思想，又深入民间。（五）在旧时易于号召的，自然是忠君爱国之说。所以有扶清灭洋的口号，所以有练了神拳，能避枪炮之说，所以他们所崇奉的孙悟空、托塔李天王之类，无奇不有。这是义和团在民间心理上的起源。

而自《天津条约》缔结，教禁解除以来，基督教的传布，深入民间，不肖的人民，就有借教为护符，以鱼肉良懦，横行乡里的，尤使人民受切肤之痛。所以从教禁解除以来，教案即连绵不绝，而拳匪的排外、闹教，亦是其中重要的一因。

这是说民间心理。至于堂堂大臣，如何也会相信这种愚谬之说呢？这真百思而不得其解了。须知居于高位的人，并不一定是聪明才智的，而位高之后，习于骄奢怠惰，尤足使其才智减退。所以怪诞不经之事，历代的王公大人，迷信起来，和平民初无以异，况且当时的中朝大臣，还有几种复杂的心理。

（一）端郡王载漪，是想他的儿子早正大位的。（二）其余亲贵，也有人想居翊戴之功。（三）有一派极顽固的人，还是鸦片战争时代的旧思想，想把外国人一概排斥。如此，自然要以义和团为可信；或虽明知其不可信，而亦要想利用它了。

拳匪是起于山东的，本亦无甚大势力。而当时巡抚毓贤，加以奖励，其势遂渐盛。地方上教案时起。山东是德国人的势力范围，自然德人不能坐视，于是向总署交涉。政府无可如何，把他开缺，代以袁世凯。袁世凯知道拳匪是靠不住的，痛加剿办，其众遂流入直隶。直隶总督裕禄是那拉后的心腹。其人是不懂事的，只知道仰承懿旨。当时中央既有此顽固复杂的心理，自然要利用拳匪，裕禄自然也要加以奖励了。于是拳匪大盛于京、津之间。

自地方绅民，以至朝贵，也有慑于势，不得不然；也有别有用心的，到处都迎奉他们，设坛练拳。于是戕教民，杀教士；焚教堂；拆铁路；毁电线；见洋货则毁；身御洋货的人，目为二毛子，则杀。京、津之间，交通为之断绝。其时在公元一九〇〇年夏间。

外国公使，纷纷责问。极端守旧顽固之人，固然不知所谓。略明事理而有权的人，也开不得口。别有用心的人，又说外国人要如何，借此恐吓那拉后。遂至对各国同时宣战。其实这时候，英、美、德、奥、意、法、俄、日八国联军已到，大沽已失陷四日了。

其时驻守津、沽之间的为聂士成。因拳匪淫掠，痛加剿击。拳匪很恨他。联军攻其前，拳匪亦攻其后。士成战死。天津失陷。裕禄兵溃，自杀。巡阅长江大臣李秉衡，率兵北上勤王。兵溃，亦自杀。京城之中，其初命董福祥率甘军，合着拳匪去攻使馆。因有阴令缓攻的，所以使馆没有打破。而德国公使克林德、日本使馆书记杉山彬，都为乱民所戕。

天津失陷。联军进逼通州，遂逼京城。德宗及太后出居庸关，走宣、大以达太原，旋闻联军有西进之说，再走西安。联军的兵锋，东至山海关，西南至保定而止。

这时候，两江总督刘坤一、湖广总督张之洞、两广总督李鸿章等，相约不奉伪命。派人和上海各国领事，订结保护东南，不与战事之约。战祸的范围，幸得缩小。而黑龙江将军寿山，举兵攻入俄境。于是俄人从阿穆尔和旅顺，两路出兵。阿穆尔的兵，分陷（一）墨尔根、齐齐哈尔；（二）哈尔滨、三姓；（三）珲春、宁古塔。合陷呼兰、吉林。旅顺的兵，（一）西陷锦州；（二）东陷牛庄、辽、沈；新民、安东；挟奉天将军增祺，以号令所属。东三省不啻全入俄人的掌握。

事势至此，无可如何。乃复派庆亲王奕劻和李鸿章为全权大臣，和各国议和。鸿章未能竣事而卒。代以王文韶。明年秋，和议成。

与议的凡十一国。其条件是：

（一）派亲王大臣，赴德、日，表示惋惜之意。

（二）惩办首祸诸臣，开复被害诸臣原官。

（三）诸国人民遇害被虐城镇，停止考试五年。

（四）军火暨制造军火之物，禁止进口二年。

（五）赔款总数，海关银四百五十兆两，照市价易为金款，年息四厘，分三十九年偿还。

李鸿章

（六）划定使馆境界，界内由使馆管理，亦可自行防守。

（七）大沽及有碍京师至海口通路的各炮台，一律削平。

（八）许诸国驻兵黄村、廊坊、杨村、天津、军粮城、塘沽、芦台、唐山、滦州、昌黎、秦皇岛、山海关，以保京师至海口的交通。

（九）许改订通商行船各条约。

后来通商条约改订的，有英、美、日、葡四国。（一）因赔款重了，许我加海关进口税至值百抽一二·五，出口税至七·五，而以裁厘为交换条件。（二）中国许修改矿务章程，招致外洋资财，及修改内河行轮章程。（三）中国厘定国币，外人应在中国境内遵用。（四）律例、审断及一切相关事宜，均臻妥善，则外人允弃其治外法权。（五）英允除药用外，禁烟进口。亦皆在此约中。

又开商港多处。

其俄国，当奕劻、李鸿章与各国议和时，借口东三省事件与中国有特别关系，当另议。于是以驻俄公使杨儒为全权大臣和俄国外交部商议。俄人要求甚烈。日、英、美、德、奥、意等，均警告中国，不得和俄人订立密约，交涉遂停顿。各国和约大致议定后，乃由李鸿章和俄人磋议。

公元一九〇二年，奕劻、王文韶和俄使订立《交收东三省条约》。俄人许分三期撤兵。第一期如约撤退，第二期则不但不撤，反要求别订新约，且续调海陆军。公元一九〇三年六月，俄人合阿穆尔、关东，设极东大都督府，以亚历塞夫为总督。九月，俄兵复占奉天。而日、俄二国，作战于我国境内的活剧，就不可免了。

第五编

结 论

我国民族发展的回顾

少年人的思想，总是往前进的。只有已老衰的人，才恋恋于已往。然则一个民族，亦当向前迈进，何必回顾已往的事呢？然而要前进，必先了解现状；而要了解现状，则非追溯到既往不可。现在是决不能解释现在的。然则我民族已往的发展；又何能不一回顾呢？

外国有人说："中华民国，是世界上的怪物。"因为世界非无大国，而其起源都较晚；古代亦非无大国，然而到现在，都早已灭亡了。团结数万万的大民族，建立一个世界上第一等的大国；而文明进步，在世界上亦称第一等；这是地球之上，中华民国之外，再没有第二个国家的。我国民族，能成就如此伟大的事业，这岂是偶然的事呢？我们试一回顾已往的发展。

当公元前三千年以前，我国民族，栖息于黄河流域的时代，已经有高度的文化了。这就是传说上所谓巢、燧、羲、农之世。

当这时代，我民族的疆域，还不甚大。与我同栖息于神州大陆之上的民族很多。其后黄帝起于河北。黄帝一族的武力，似乎特别强盛。东征西讨，许多异民族，都为我所慑服了，然而这一族，也不是专恃武力的，同时亦有较高度的文化。此时我国民族，行封建政体。凡封建所及之处，即是我国民族足迹所及之处。星罗棋布于大陆之上，各据一定地点，再行向外发展。武力文化，同时并用。至于战国之末，而神州大陆之上，可以称为国家的，都因竞争而卒并于一。至此，而我国为一大国的基础定；我民族融合神州诸民族，而形成一大民族的基础亦定。

秦、汉以后，中国本部之地，既已统一了，乃再行向外发展。其中汉、唐时代，是我国民族，以政治之力，征服异民族的。"五胡乱华"，以及辽、金、元、清的时代，则不免反受异族的蹂躏。但因我国文化程度之高，异族虽一时凭借武力，荐居吾国，卒仍不能不为我所同化。此诸族者，当其荐居中国之时，亦能向外拓展，大耀威棱①。这并非他们有此能力，实在还是利用我国的国力的。所以还只算得我民族的事业。当此时代，我国力之所至，西逾葱岭，东穷大海，南苞后印度半岛，北抵西伯利亚的南部。亚洲的地理，若依自然的形势，分为五区，则其中部及东部，实在是隶属于我国的。我国今日，本部以外的疆域，都戡定于此时代之中。这是说国力所及。至于人民的足迹，则其所至较此尤远。地球之上，

---

① 威棱，威力或威势。——编者注

几乎无一处不达到。现在南洋、美洲，都有很多的华侨。便是西伯利亚，西至欧洲，亦都有华人流寓。其形势，亦从这时代已开其端。虽然政治之力，尚未能及于此诸地方，这是我民族不尚武力的结果。最后的胜利，本未必属于武力，我民族自然发展所及之处，真要论民族自决，恐未必终处于异族羁轭之下的。若论内部的文化，则我国当此时代，有很完密的政治制度，很精深的学术，很灿烂的文明，都为异族所取法。不但已同化于我的民族，深受吾国文化之赐，即尚未同化于我的民族，其沐浴吾国文化的恩惠，亦自不少，如朝鲜、日本、安南等，都是其最显著的。这实在是我民族在发展的过程中，对于世界最大的贡献。

世界的文明，一起源于美洲，一起源于亚洲的东部，一起源于亚洲南部的大半岛。而一起源于亚、欧、非三洲之交。除西半球的文明，因距旧世界太远，为孤立的发达，未能大发扬其光辉外，其印度半岛的文化，当公元一世纪至七世纪之世，即与我国的文化相接触、相融合的，当其接触融合之时，彼此都保持平和的关系，绝无侵略压迫的事实发生。乃至最近公元四世纪以来，我国的文化，和西洋的文化接触，就大不然了。他们的文化，是挟着武力而来的；而且辅之以经济之力。我民族遂大受其压迫。土地日蹙，生计日窘，不但无从发展，几乎要做人家发展的牺牲了。然而这只是一时的现象。须知一种文化的转变，是必须要经过相当的时间的。其体段大，而其固有的文化根底深的，其转变自不如浅演的小民族之易。然而其变化大的，其成就亦大。我国民族，现在正当变化以求适应于新环境的时候。一旦大功造成，其能大有造于世界，是可以预决的。到这时代，我民族的发展，就更其不可限量了。我国民族，是向不以侵略压迫为事的。我国而能有所贡献于世界，一定是世界的福音。